U0522936

奥尔特加
作品集

La rebelión de las masas
大众的反叛

〔西〕何塞·奥尔特加·伊·加塞特 著
张伟劼 译

商务印书馆
The Commercial Press

图书在版编目（CIP）数据

大众的反叛 /（西）何塞·奥尔特加·伊·加塞特著；张伟劼译. —北京：商务印书馆，2021（2022.9重印）
（奥尔特加作品集）
ISBN 978-7-100-19153-1

Ⅰ.①大… Ⅱ.①何…②张… Ⅲ.①政治哲学—西方国家—现代 Ⅳ.① D095

中国版本图书馆 CIP 数据核字（2020）第 185464 号

©2005, Herederos de José Ortega y Gasset

权利保留，侵权必究。

奥尔特加作品集
大众的反叛
〔西〕何塞·奥尔特加·伊·加塞特 著
张伟劼 译

商务印书馆出版
（北京王府井大街36号 邮政编码100710）
商务印书馆发行
北京通州皇家印刷厂印刷
ISBN 978 - 7 - 100 - 19153 - 1

2021 年 4 月第 1 版	开本 880×1230 1/32
2022 年 9 月北京第 2 次印刷	印张 8 7/8

定价：68.00 元

目　录

法文版序　　　　　　　　　　　　　　　　　　　1

第一部分　大众的反叛

第一章　群聚现象　　　　　　　　　　　　　　41
第二章　历史水平的上升　　　　　　　　　　　50
第三章　时代的高度　　　　　　　　　　　　　59
第四章　生活的增长　　　　　　　　　　　　　70
第五章　一组统计数据　　　　　　　　　　　　80
第六章　大众人的初步剖析　　　　　　　　　　87
第七章　贵族生活与庸常生活，或努力与惰性　　95
第八章　为什么大众喜欢介入一切，以及为什么
　　　　他们只会强力介入　　　　　　　　　　103

第九章　原始主义与技术　　　　　　　　113

第十章　原始主义与历史　　　　　　　　123

第十一章　"得意少爷"的时代　　　　　　133

第十二章　"专门化"的野蛮　　　　　　　144

第十三章　最大的威胁——国家　　　　　152

第二部分　谁在统治这个世界？

第十四章　谁在统治这个世界？　　　　　165

第十五章　最后，我们来面对真正的问题　234

英文版后记　　　　　　　　　　　　　　238
关于和平主义……　　　　　　　　　　　245

法文版序

一

　　本书——我们姑且承认这是一本书——写于……是1927年起连续刊载在马德里的一份报纸上的,它所探讨的主题是极具人类普遍意义的,时间的变迁对它的影响还不至于过大。人的现实总是变动不居的,在某些时代里,它会加快速度,以令人眩晕的速度飞驰。我们现在的时代就是这样的时代,因为这是一个滑坡、坠落的时代。于是,这本书被历史事件抛在了后头。书中预言的很多东西很快变成了现实,如今又成了往昔。此外,这些年来,这本书在法国以外的地方流传甚广,书中的许多观点都间接地为法国读者所知晓,成为了共识。我们这个时代最合宜的善行就是:不出没有必要的书。我本该做出这样的善行,我也尽一切可能地努力了——五年前,斯托克出版社就劝我出此书的法文版了——但是,我发觉,这本书所提出的一整套理念,法国读者还不是很明白,我也意识到,不管我提出的理念是对是错,把这本书交给法国读者,让他们深入思考一番、提出批评意见,总归还是有益处的。

　　我对此并不是很有信心,不过,也不必弄得过于严肃。我只希望法国读者在打开此书的时候，不要抱着空洞的幻想。这本书只不过是发表在一家发行量较大的马德里报纸上的一系列文章而已。就像大部分我写过的东西一样，这些文字也是写给那些命运分配给我的西班牙人的。现在，我面对的是另一群读者，我的这些文字还能把它们想表达的意思传达给法国人吗？我很难指望有更好的运气，因为我确信，言说是一种比人们习惯认为的更为虚幻的行动，当然，人的大部分行为大抵都是如此。我们把语言定义为我们用来表达思想的工具。可是，一条定义如果是真实的，那么它一定是带有讽刺意味的，它会沉默地保留一些东西，如果不这么理解它，一定会有很糟糕的后果。事实就是如此。实际上，语言同样可以用来掩盖我们的思想，用来撒谎。如果原初的、正常的言说不是发自真心的，那么谎言就不可能存在了。假币的流通是仰赖于真币的存在的。说到底，欺骗是天真性情的寄生虫。

语言是我们用来表达思想的工具，这条定义真正的危险之处在于，我们往往是带着乐观主义的态度来接受它的，因为这条定义并没有向我们保证，我们可以通过语言足够恰当地表达我们所有的思想。它没有如此承诺，它也没有让我们明明白白地看到这一严酷的事实：人是注定要承受绝对的孤独的，他不可能与他的同类达到相互理解，因此，他竭尽全力地要抵达他身边的人。语言就是他为此付出的诸多努力之一。有时候，语言的确可以表达一些我们内心的东西，让它们接近我们身边的人。不过，仅此而已。我们一般是无法把我们内心的东西全部表达出来的。当一个人开始言说时，他之所以能言说，是**因为**

他自认为可以把他的所思所想全部说出来。这就是言说的虚幻之处。语言没有这么大的本事。语言或多或少能说出我们所思所想的一部分，同时给其余的部分加上了一道不可逾越的阻隔，让这其余的部分无法流出。对于数学上的命题和验算，语言可以发挥相当不错的功用；涉及物理学时，语言就显得暧昧不明而不足了。当谈话转移到比数学和物理学更重要、更人性、更"真实"的话题上时，语言的不确定性、笨拙和混乱性就越发明显了。我们习惯了"通过交谈互相理解"这一根深蒂固的偏见，满怀信心地言说和聆听，以至于往往到最后互相误解，还不如一言不发，在沉默中互相猜测对方的意思。

一切真正的言说都不仅仅是说些什么，更是某个人对另一个人说些什么。很多人忽略了这一事实。所有的言说，必有一个发出者和一个接收者，他们绝不会对言辞的含义无动于衷。当言说者和倾听者换成另外的人时，同样言辞的含义也会发生变化。"如果两个人说了同样的话，事实上是不一样的话。[①]"所有的词汇，都是随机的*。语言从其本质上说就是对话，言说的其他一切形式都不如对话来得有效。所以我认为，一本好书之所以是好书，正是因为它能与我们展开一种潜在的对话，让我们觉得作者能想象到具体的读者，与此同时，读者能感觉到，仿佛有一只手从字里行间伸出来触碰他，要么是轻柔地抚

[①] 原文为拉丁文：Duo si idem dicunt non est idem.本书中译者注使用序号注释；原注使用星号注释。
* 见本人《作为体系的历史》一文，收入《哲学与历史：向恩斯特·卡西尔致敬》一书，伦敦，1936年（见《作为体系的历史》西班牙文版，马德里，1942年；全集第6卷）。

摸他，要么是彬彬有礼地给他一拳。

言语已经被严重地滥用了，因此，它的名声已经严重受损了。在这里，和在其他许多方面一样，"滥用"指的是对工具的不假思索的使用，在使用时意识不到工具本身的局限。差不多两百年以来，在人们的观念里，言说就是面向全世界的言说，也就是说，话是说给所有人听的，这就等于不说给任何一个人听。我很厌恶这种说话的方式。每当我不能确切地知道我是在把话说给什么人听时，我就会感到痛苦。

根据一个不一定完全可信的传说，维克多·雨果获赦时，爱丽舍宫举行了一场盛大的宴会以庆祝此事，各国的代表纷纷前来向雨果致敬。大诗人站在礼宾大厅里，把一只胳膊肘撑在壁炉边缘，保持庄严的雕像姿态。各国代表依次走上前来，向这位法兰西伟人致以崇高敬意。一个看门人敞开他的大嗓门一一介绍来宾：

"这位先生是英国代表！"维克多·雨果闻之两眼放光，打着夸张的颤音说："英国！啊，莎士比亚！"看门人接着介绍："这位先生是西班牙代表！"维克多·雨果："西班牙！啊，塞万提斯！"看门人："这位先生是德国代表！"维克多·雨果："德国！啊，歌德！"

接下来的一位，是个矮矮胖胖、步履蹒跚的先生。看门人宣布："这位先生是美索不达米亚代表！"

维克多·雨果原先一直是保持镇静、把握十足的，现在他似乎开始犹豫了。他的两眼急切地转了一个大圈，仿佛是要在整个宇宙中寻找什么东西。不一会儿，他好像找到那个东西了，再一次显示出大局在握的神情。他仍带着那富有感染力的语调，自信不减一分地回应那位代表的致意："美索不达米亚！啊，人类！"

我提到这个故事，是为了说明——不像维克多·雨果那么冠冕堂皇——对于美索不达米亚，我从来没有写过什么，也没有说过什么，我也从来没有面对全人类宣称过些什么。面对全人类侃侃而谈，是最高尚的言说方式，也因此是蛊惑人心的伎俩中最为卑劣的一种。这种言说方式大约是1750年开始在知识分子中流行起来的，这些人偏离了正轨，不晓得自身的局限。既然是知识分子，言说就是他们的职责，运用逻辑是他们的职责，可是他们说起话来却既缺乏对言语这一工具的敬意也缺乏谨慎，他们没有意识到，言语是一种神圣之物，要特别用心才能用好它。

二

本文认为，言说作为行动的有效范围是很小的，这一观点似乎在这个事实面前站不住脚：我的这本书在几乎每一种欧洲语言的使用区域里都找到了大批读者。我认为，这一事实揭示的是另外的东西，是另一种严重的情况：整个西方的情形都在变得同质化，这是很可怕的。自从这本书诞生以来，它所描述的机制一直在发生作用，使得西方的同质化与日俱增，令人忧心。之所以说令人忧心，是因为事实如此：当每一个国家忍受着本国的痛苦情形的人意识到，欧洲大陆到处都在发生着同样的灾难时，痛苦就会成倍加剧，令人越发沮丧。在以往，如果在一个国家里感觉气氛太压抑，可以打开通向另一个国家的窗口，呼吸新鲜空气。现在，这个手段不顶用了，因为另一个国家的空气也变得和本国一样的难以呼吸。这就是今天的欧洲人普遍体会到一种压迫感、窒息感的原因。约伯①这个总是神情冷峻的人（pince-sans-rire）曾向他的那些走遍天下的旅人和商人朋友们发问："你们知道世界上有哪个地方，是有智慧存在的？"

不过，我们可以在这种与日俱增的同质化中区分出两种不同的、价值相对的维度。

现在的这些西方民族是从古代世界的废墟上出发，飞过历史的天空的，它们一直以来都以一种双重的生活形态为特征。当每一个民族慢慢形成自己的独特气质的时候，在各民族之间或者说在各民族之上也渐渐地形成了一套共同的观念、习俗与情感体系。同样的命运，既让它们逐渐地相似，又让它们逐渐地不同，这是极为矛盾的。它们的同质性并非与差异性互不相干，事实上，每一种新的统一原则都大大滋养了多样性。基督教的理想催生了各个国家的教会，对罗马霸权的回忆激发了各种国家形式的诞生；15世纪的"恢复文字"运动让多种文学遍地开花；作为"纯粹理性"的科学与人类统一原则创立了多种知识流派，它们各自形塑出不同的理念，包括极端抽象的数学概念。就连18世纪"一切民族的构成都是相似的"这一石

---

① 约伯（Job）是《圣经·旧约全书》中的人物。

破天惊的观念，也让民族主义的差别意识得以在浪漫主义的风潮中萌发，鼓动着每个民族去标榜自己的独特禀赋。

因为对于这些被称为"欧洲人"的民族来说，从11世纪开始，从奥托三世的时代开始，生活就意味着在一个共同的空间或区域内游走和行动。也就是说，对于每一个民族来说，生活就是和其他民族共存。这种共同生活或是表现为和平共处，或是表现为鏖战不休，在本质上是一样的。欧洲国家之间的战争几乎总是表现出一种奇特的样式，看上去仿佛是同一家里的人在吵架。这样的战争避免将敌人斩尽杀绝，好似同一个村子里的小伙子们展开的角力比赛，或者说像继承人们为分配家庭遗产而起的争执。大家各自的路数稍有不同，却是奔着同样的目标的。正如查理五世提起弗朗索瓦一世时所说："我和我的姐夫弗朗索瓦是完全一致的：我们俩都想得到米兰。"

次要的事实是，这个让全体西方人感到如同生活在自己家里一样的共同历史空间，在物理意义上对应的是一个被地理学称为"欧洲"的地方。我说的"历史空间"是由共同生活的实际活动范围和持续时长来划定的，它是一种社会空间。共同生活（convivencia）与社会（sociedad）是同等的概念。社会是由共同生活自动产生出来的。从共同生活中必然会衍生出风俗、习惯、语言、法律、公共权力。"现代"思想最大的谬误之一，就是把"社会"混同于"社团"（asociación），后者差不多是与前者恰好相反的。我们至今都在承受这一谬误的间接影响。一个社会并不是因为众人意愿一致而得以组建的。事实上，意愿的一致是以一个社会的存在、一个共同生活的人群的存在为前提的；意愿的一致，需要某种共同生活的形式，需要一个事先存在的社会。把社会理解为一个建立在契约基础之上的团体，也就是说，建立在法律基础上的团体，犯的是本末倒置的错误。因为法律——我指的是实际的法律，而非哲学家、法学家或政客口中的法的理念——是社会自发生成的东西。在我看来，让法律来统领一群事先并没有组成社会的人之间的关系，是不知法律为何物的人既糊涂又荒诞的想法。

另一方面，这种关于法律的糊涂又荒诞的看法在今天大行其道，是不足为奇的，因为今天这个时代最大的不幸之一便是，当西方人遇到如今种种难以解决的公共矛盾时，他们在头脑中装备的仍然是老旧的、笨拙的那一套观念，他们对社会、集体、个人、习俗、法律、公义、革命等概念的认识仍然停留在过去。今天众人之所以感到惴惴不安，很大一部分原因在于，当我们对物理现象了解得极为透彻的同时，我们的"道德科学"却是严重滞后的，两者之间存在着巨大的不平衡。部长们、教授们、著名物理学家们和小说家们对后者的认识与城市郊区的理发师相当。给一个时代设定基调的，正是城市郊区的理发师，这不是再自然不过的事实吗[*]？

我们还是回到先前讨论的问题上来。我的意思是，从很久

---

[*] 在此应当指出，"道德科学"的研究恰恰是在法国也仅仅是在法国开始的。读者诸君可以在另外的书中找到关于这个事实的一些提示，以及这一初衷未能圆满实现的原因。法国新近形成的传统在这一类话题上要比其他的传统更为高明。我也曾试着从法国传统出发来弄清这些问题，这些思考的成果集中在即将出版的《人和人们》（*El hombre y la gente*）一书中，读者诸君可以在这本书中看到我关于这些问题展开的具体论述。

以前开始，欧洲各民族就是同一个社会、同一个集体了，"社会"和"集体"用在这里和用在组成欧洲的每个国家时的意义是一样的。这个欧洲社会显示出一个社会应当具有的所有特征：既有欧洲习俗、欧洲惯例、欧洲舆论，也有欧洲法律和欧洲公共权力。而所有这些社会现象所采取的形式，是与欧洲社会的发展阶段相适应的。显然，欧洲社会还没有发展到像它的各个组成部分——民族国家那样成熟的阶段。

比如，作为社会压力形式的公共权力是在一切社会中发挥作用的，即使是在没有哪个负责掌控公共权力的特殊机构存在的原始社会，公共权力仍然能发挥作用。如果我们把这个被委以行使公共权力的重任的特殊机构叫作"国家"，我们可以说，某些社会是没有国家的，但要是说这些社会中没有公共权力的存在，就不对了。在有公共舆论存在的地方，必有公共权力存在，因为公共权力正是由舆论发出的群体性强制力。数个世纪以来，欧洲的公共舆论就一直存在，其力度越来越强——甚至有一种影响欧洲舆论的技术存在——这是很难否认的事实。

因此，我建议读者诸君在读到本书最后几个章节的时候，不要发出哂笑。在那几章中，我大胆地提出一个欧洲国家统一体的可能，相对于今天欧洲的现状，这种可能是与之相悖的。我认为，"欧罗巴合众国"是这个世界上最为谨慎的几个幻想之一，别的一些人提出的关于"欧罗巴合众国"的想法，我并不赞同。另一方面，由欧洲诸民族组成的这样一个社会、这样一个集体，既然已经如此成熟，就不可能不会尝试着创造出它自己的国家机制，藉此名正言顺地行使那业已存在的欧洲公共权力。我之所以会这么想，不是因为我易于受到幻想的诱惑，也不是因为我具有"理想主义"的倾向——我一直厌恶理想主义，一辈子都在与它作斗争。是历史现实主义给了我教益，让我看到，一个统一的欧洲社会并不是"理想"，而是一个有了很多年历史的日常事实。一旦人们能认识到这一点，一个统一的欧洲国家就呼之欲出了。给这一进程画上句号的突发事件是随机的，可以是这一个或那一个：比如，在乌拉尔山的那一侧忽然冒出了中国人的辫子，或者是伊斯兰信众来一场大暴动。

这样一个超越了民族国家的国家形象，显然是与人们习以为常的国家形象不同的，正如民族国家和古代人所认识的城邦国家大为不同——我也在本书的最后几章论述了这一点，为的是让读者诸君的头脑摆脱成见的束缚，从而接受欧洲传统赋予我们的国家和社会的理念。

对于古希腊古罗马人的头脑来说，把现实构想为一种动力，是相当困难的。他们无法离开可见之物，正如一个孩童对一本书的了解仅限于它的插图。古希腊古罗马的所有哲学家超越这一局限的努力最终都落了空。在他们理解世界的尝试中，有形之物一直作为范例在发挥作用，对于他们来说，有形之物就是典范之物。一个统一体只有具备了近观可见的性质——比如，一座城——才能在他们的眼中显现为**一个社会**、**一个国家**。欧洲人的思维则与之相反。在欧洲人的头脑里，一切可见之物都不过是面具而已，在显露在外的面具之下，隐藏着一个潜在的、不断制造面具的力量，这个力量才是事物真正的真实。不论在什么地方，只要有力量、**动力**在一体化地运作，那里就有真实的统一体在，尽管映入我们眼帘的、作为表象的只是一堆零散的事物。

如果仅仅是在公共权力戴上众所周知的面具、采用了国家这一固化形式的地方——也就是说，欧洲的各个民族国家——看到统一的公共权力的存在，那就等于仍然停留在古代人的局限之内。我并不认为，在每一个欧洲国家发挥作用的决定性的公共权力仅仅是一国内部的公共权力。我们应当认识到，数个世纪以来——确切地说，四百年以来，欧洲的所有民族都听从于同一个公共权力的导引。这一公共权力是一种纯粹的动力，它最恰当的名称取自机械力学："欧洲均势"（equilibrio europeo），或曰"势力均衡"（balance of Power）。

这才是欧洲的真正权力，它不断地对欧洲各民族在历史天空中的飞行做出校正。这些民族从古代世界的废墟中一跃而出，如蜜蜂那般勤劳而又好斗，集结成庞大的蜂群。欧洲的统一不是幻想，正是现实，而可以被称为幻想的恰恰是这样的想法：法国、德国、意大利或西班牙是实质的、各自独立的事实。

还不是所有人都能确切地意识到这个事实的统一欧洲的存在，这也可以理解，因为欧洲还不是一个"事物"，而是一种平衡。18世纪的历史学家罗伯逊将欧洲均势称为"现代政治的一大秘密"。

是的，一个伟大而矛盾的秘密！因为势力均衡从本质上说意味着多元性的存在。如果这种多元性消失了，充满动力的统一体也就烟消云散了。欧洲事实上就是一个蜂群：许许多多的蜜蜂集结在一起飞行，航向只有一个。

欧洲的这种寓多元于统一的特性，我称之为"有益的同质性"，这种同质性是富有生产力的，值得期许的，孟德斯鸠为此曾说："欧洲是一个由多个国家组成的国家"*，巴尔扎克则更为浪漫地称欧洲为"庞大的大陆家族，它在努力创造某种神秘的文明"**。

三

欧洲的这许多种形态，源源不断地从欧洲根本的统一性中生发而出，反过来又维护着欧洲的统一，它们是西方最宝贵的财富。头脑粗劣的人，是无法在脑子里形成如此富有弹性的观念的，因为这一观念既承认多元性，又承认统一性，思维需要在这两者之间来回跳跃。这些头脑笨重的人只配在东方的永久专制下生活。

今天，在整个欧洲大陆上取得全面胜利的是一种新的同质性形式，它是危险的，有可能将西方的这一宝贵财富完全摧毁。本书探讨的是大众人的出现。欧洲到处都冒出这样一种类型的人，这种人是被匆匆制造出来的，他立足于其上的不过是一些浅显的抽象概念，也正因为此，他不论是出现在欧洲的这

---

* 《普遍君主制》，1891年，第36页。
** 《巴尔扎克全集》第22卷，卡尔芒-莱维出版社，第248页。

一端还是那一端,都别无二致。正因为有这种人的存在,在整个欧洲,生活都渐渐地变得单调乏味,令人窒息,呈现出苦涩的模样。大众人是事先就被抽去了其自身的历史的,他的身子里没有过去的内容,因而对所有名为"国际"的规则都言听计从。与其说他是一个人,不如说他是一个纯粹由假象构成的人的外壳;他缺乏"内在",缺乏一个属于自己的不可替代、不可置换的内心,缺乏一个不可撤销的自我。因此,他永远是随时可以假扮成任何一种人的。他拥有的只是欲望,他认为自己只有权利,没有义务。这样的人,是没有贵族身份的约束的——sine nobilitate,也就是说,虚荣之人(snob)*。

　　这种虚荣主义遍布各地,非常明显地出现在,比如说,当今的工人身上。它蒙蔽了人们的心智,让人们不能意识到,虽然欧洲生活一切既有的构架都应当做革新,但在完成这一超越的同时,不能因此而失去欧洲生活内在的多元性。虚荣之人是对自身命运茫然无知的,他并不认为,他生在这世上就必须完成某个命定的、不可置换的任务,因而他也无法理解,有一些使命是特定的,有一些信息是特别的。因此,他仇视自由主义,就像聋人对话语抱有敌意一样。在欧洲,自由永远意味着可以真正做自己的自由。懂得了这一点,我们也就能理解,为什么一个知道自己没有真正的使命的人,心心念念地要放弃自由了。

---

* 在英国,居民登记簿上一般会在人名旁边标注此人的职业和爵位。普通市民的名字旁边一般会写上 sine nobilitate 的缩略形式 s.nob.,也就是说,"无贵族头衔"。这就是 snob 一词的起源。

很奇怪的是，如今所有人都不费周折地达成一致，要对旧自由主义进行讨伐和诅咒了。这很值得怀疑。因为人们一般只会在一些比较无耻或者比较愚蠢的事情上达成一致。我无意说旧自由主义是一种完全合理的理念：它既是旧的，又是一种"主义"，怎么可能会完全合乎理性呢！但我确实认为，作为一种关于社会的学说，它要比它的那些持集体主义观念的反对者们所设想的要更为深刻，也更为明晰，这些人一开始就没弄懂什么是自由主义。在旧自由主义中，还暗含着一种极为敏锐的直觉，这种直觉是欧洲一直拥有的。

基佐①指出了欧洲文明相比于其他文明的一大不同之处，那就是，在欧洲文明中，从来没有哪一种法则、哪一种理念、哪一个集团或是哪一个阶级取得过绝对的胜利，而正因为此，欧洲文明才得以持续成长，具有不断进步的性质，我们不能不对基佐的这番话多加留心*。他知道他在说什么。这句表述并

---

① 基佐（François Pierre Guillaume Guizot，1787—1874），法国政治家、历史学家。

* "多种原则的共存与斗争"，见基佐《欧洲文明史》第35页。兰克也发表过类似的观点，尽管他与基佐是如此不同的两个人："在欧洲，不管是什么原则，只要它试图攫取绝对的统治权，总会遇到来自于欧洲灵魂深处的反抗。"（《兰克全集》，第38卷，第110页）他还说过："欧洲是由来源各异的成分所构成的，欧洲历史时期的种种变化，正是来自于这些相异成分之间的对立和斗争。"（《兰克全集》8至10卷合本，第3页）兰克的这些话，不是很明显地受到基佐的影响吗？阻碍我们认清19世纪历史中某些深层事实的一大因素是，我们还没有把法兰西和德意志之间的思想交流，特别是1790年至1830年间的思想交流研究透彻。或许这项研究最终可以让我们发现，在这一时期，德意志从法兰西接受到的影响要远大于后者从前者接受到的影响。

不完善，因为这是一个否定句，但这些话在我们听来，却充满了现实的意味。我们能感觉到，基佐的确是曾下潜到欧洲历史的最深处，才得以说出这样一番话的，就像潜水员浮出水面时会散发出大海深处的气味。在19世纪初期那个浮躁而混乱的年代，他能写出一本像《欧洲文明史》这样的巨著，着实是令人难以置信的。今天的人仍然能从这本书中获得教益，了解到为什么自由与多元主义是对立互补的，它们又是如何共同构成了持久存在的欧洲之魂的。

但是，基佐的名声一直不大好，正如所有的空论派①成员一样。这个事实并不让我觉得惊讶。每当我看到一个人或是一个团体能轻松收获持续不断的掌声时，我总会疑心，在这个人或这个团体的身上，除去优秀的品质外，可能还有某种特别不纯的东西。也许这是我的一个毛病，但需要说明的是，我不是故意这样的，而是经验使然。不管怎么说，我还是有足够的勇气来指出，尽管空论派长久以来受尽所有人的嘲笑，在我看来，这些人却是19世纪欧洲大陆最可贵的一批政治家。唯独只有他们清楚地意识到，在大革命之后，欧洲人应当做些什么，此外，在庸俗轻浮之风日盛的那个世纪里，他们亲身塑造了一种自重的、高洁的姿态。社会据以给个人施加限制的那些规则，几乎都已经被毁了、失效了，个人要建立自己的尊严，不得不在自己的根基深处寻找资源。

---

① 空论派（los doctrinarios）指法国波旁王朝复辟时期（1814—1830）的一个政治派别，他们主张调和保守思想与自由理念，基佐为该派别中的一员。

如此形成的个人姿态，很难避免带上一些夸张的成分，尽管这样做只是为了抗拒这个世界，因为周围的世人都沉溺于纵欲狂欢、自暴自弃之中。基佐懂得如何做一个像巴斯特·基顿①那样的不苟言笑的人*。他从来不自暴自弃。在他身上，浓缩着好几代的尼姆新教教徒，他们曾时时生活在警觉之中，不会在社会大环境中随波逐流，从不自暴自弃。生存就是反抗，就是在大地上扎稳脚跟，不让潮流裹挟而去，这种坚定的信念已经在这个家族的人身上化为了一种本能。我们今天这个时代，正是一个"潮流"湍急、抛弃一切的时代。在今天，和那些不"随波逐流"的人相往来，是明智的选择。空论派是知识分子的一个特例，他们是有担当的人；1750年以来的欧洲知识分子，最缺乏的就是敢于担当的精神，这一大缺陷也是造成今日乱象的诸多深层原因之一。

可是，即使是面对法国读者，我也不知道，当我提起空论派时，是不是有很多人了解这个派别，它在人们的心目中是否是伟大的。事实上，至今还没有哪一本书尝试过要把那群人的思想解释清楚**，也没有稍微正式一点的关于基佐或罗耶-阔

---

① 巴斯特·基顿（Buster Keaton，1895—1966），美国默片喜剧导演、演员，有"冷面笑匠"的美誉。
* 基佐曾经带着些许得意地告诉加斯帕林夫人，有一回教皇格列高利十六世在和法国大使谈话时提到他："他是个伟大的官员。据说他从来不会笑的。"见《基佐与加斯帕林夫人通信集》第283页。
** 读者若是想要对此做一番了解，总会一次又一次地遇到这种回避性的说法：空论派成员们的论点各不相同，没有统一的意见。可是，所有的思想流派不都是如此吗？这不正是一群人和一群留声机之间最重要的区别吗？

拉德^①的专著[*]——这看起来真令人难以置信。当然，这两个人都没有发表过哪怕是一首十四行诗。但是无论如何，他们思考过，关于欧洲公共生活最紧要的问题，他们做了非常深刻和独到的思考，并且构建了整个19世纪最有价值的政治学说。我们必须领悟这些人思考重大问题的方式，否则，我们就无法重构19世纪的历史^{**}。他们的思想与在他们之前和之后出现的欧洲主流思想相比，不仅在表述风格上是独特的，在内容上也是另类的。因此，虽然他们的思想具有一种古典式的清晰性，却仍然一直没有得到人们的理解。但是，未来很可能就属于与这种思想非常相似的思想倾向。我至少可以保证，谁要是打算将空论派的思想做系统性的准确阐述的话，一定会收获意想不

---

① 罗耶-阔拉德（Pierre-Paul Royer-Collard, 1763—1845），法国政治家、哲学家，"空论派"的领袖。

* 近些年来，夏尔·H.普塔斯先生做了很辛苦的工作，他翻阅了基佐的档案，整理出几大卷本的材料，这些材料对于今后重建基佐生平的工作是不可或缺的。关于罗耶-阔拉德，还没有人做这样的工作。关于基佐和罗耶-阔拉德的思想，唯一可以参考的只有法耶的一些研究。没有更好的参考资料了，虽然法耶的相关论文写得很有灵气，但凭此远不能窥见基佐和罗耶-阔拉德的思想的全貌。

** 举例来说，一个具有文化"良知"的人是很难心安理得地把"反抗"的政治理解为纯粹的保守主义政治的。像罗耶-阔拉德、基佐、布罗伊这样的人明显不是保守派。"反抗"这个词出现在之前我引注的兰克的话中，证明了基佐对这位伟大历史学家的影响。在罗耶-阔拉德的一段演讲中，我们可以看到，"反抗"这个词的意义忽然发生了变化，显出了它的神秘内涵："公共自由就是反抗。"（见巴兰特：《罗耶-阔拉德生平与演讲录》第2卷，第130页。）在这里，将一切静止之物解释为运动的欧洲智慧再一次显现出来。自由状态是多种互相抵抗的力量的共存形成的结果。今天，很少有人去读罗耶-阔拉德的演讲了，但我还是要说，他的演讲是非常精彩的，阅读这些文字是真正的思维享受，能体验到极大的愉悦，它们是笛卡尔风格的绝唱——虽然我的这些话听上去有些夸张。

到的思维之悦，也一定能培养出一种完全不同于以往的感悟社会政治现实的能力。在空论派人士的身上，勇于探求绝对至理的理性主义优良传统仍然保持活跃。但是，这种理性主义与百科全书派和革命者的那种苍白无力的理性主义不同，后者是要在"廉价"的抽象中寻找绝对至理的，而空论派人士发现，历史才是真正绝对的。历史就是人的唯一真实。人在历史中行动，成其为人。否定过去是荒唐的、虚妄的，因为过去就是"飞速重返的人的自然"。过去并不是过去了然后让我们来否定它的，而是要我们将它加以整合的*。空论派对所谓"人权"嗤之以鼻，因为这个概念是一种"形而上"的绝对，是抽象的，非现实的。真正的权利是绝对存在的，因为它们是在历史中相继出现、不断巩固的："自由"、法制、"资格"就是这么来的。空论派人士要是能活到今天，一定会承认罢工的权利（非政治性的罢工）和集体合同。对于英国人来说，这些东西都是理所当然的，而我们欧洲大陆上的人还没有到达这个境界。也许，自阿尔昆①的时代以来，我们就一直比英国人落后至少五十年。

今天的集体主义者对旧自由主义的无知，也是类似的。他们不假思索地认为，自由主义就是个人主义。在对所有这一类话题的认知中，都存在着极为混浊的观念。最近这些年，俄国人习惯于把俄国称为"大集体"。俄国人的头脑是有些飘忽玄

---

* 见笔者的《作为体系的历史》一书。
① 阿尔昆（Alcuin，735—804），中世纪英格兰学者，曾被查理大帝邀请到宫中参与教育改革。

妙的，他们就像歌德所说的那个意大利上尉那样，"必须让脑袋杂乱无章"。如果我们研究一下，这个富有魔力的词会在他们的头脑中唤起什么样的思想或形象，不会是很有趣的事吗？无论如何，我恳请读者诸君仔细考虑一下下面的几条论点，不一定要完全赞同，而是让它们得到充分的讨论，然后再给拿去评判：

第一：个人自由主义是18世纪的思想；它部分地启发了法国大革命的立法，但是也随革命一同消亡了。

第二：19世纪最独特的创造，正是集体主义。这是19世纪甫一发端就创造出来的第一个理念，它在这个世纪的百年中不断发展壮大，直至淹没了整个地平线。

第三：集体主义源于法国。它首先是由博纳尔和迈斯特尔这样的大反动派提出来的。这个理念基本上很快就被所有人接受了，唯一的例外是邦雅曼·贡斯当①，他是个仍然活在18世纪的"落后分子"。集体主义在圣西门、巴朗什、孔德那里取得了全面胜利，四处开花*。比如，里昂的一个叫阿玛尔先生

---

① 邦雅曼·贡斯当（Benjamin Constant, 1767—1830），瑞士出生的法国作家、思想家，倡导自由主义。
* 德国人试图证明，是他们最先发现，社会群体是与个体之人不一样的现实，并且先于后者存在的。在他们看来，Volksgeist（民族精神）是最地道的德国理念之一。这一事例再次提醒我们，要对1790年至1830年间德法知识分子的思想交流做一番细致的研究。Volksgeist一词很明显是从伏尔泰的"esprit des nations"翻译过来的。集体主义诞生于法国并不是偶然的，出于同样的原因，社会学是在法国诞生的，社会学在1890年前后经历的复兴也是从法国发端的（涂尔干）。

的医生，在1821年谈到集体主义如何对抗个人主义*。读者诸君不妨再读一读《未来报》(*L'Avenir*)在1830年和1831年刊登的反个人主义的文章。

但是，还有一点是更为重要的。19世纪再往后出现了一些自由主义的大理论家，比如斯图亚特·密尔或斯宾塞，我们惊奇地发现，他们看上去似乎是在捍卫个人，其出发点并不在于自由有益于个人，而是在于——恰恰相反——自由有益于社会。斯宾塞有本书的名字叫《个人对抗国家》，这个标题显得咄咄逼人，因而让那些读书只读标题的人误解了这本书的主旨。事实上，书名中的"个人"与"国家"意味着的只是同一个主体——社会的两个器官而已。斯宾塞在书中探讨的是，对于某些社会需求来说，是由个人来发挥作用更好，还是由国家来发挥作用更好。仅此而已。斯宾塞的著名的"个人主义"是笼罩在其社会学说的集体主义气氛之中的。总之，他和斯图亚特·密尔对待个人的态度都是残忍的、社会化的，就像白蚁会有意将它们的一些同类喂肥了然后吸取它们的体液。他们的思想，原来是在集体主义占主导的舞台上起舞的！

人们可以推断说，我对旧自由主义的罗恩格林[①]式的辩

---

* 见《圣西门学说》，由C.布格勒与E.哈勒维撰写导读并作注（第204页注）。这部完成于1829年的著作是19世纪最出色的介绍圣西门学说的专著之一，除此之外，布格勒和哈勒维两位先生在这本书中所做的注释工作是非常重要的，他们发出了1800年至1830年间欧洲真正的心声。
① 《罗恩格林》(*Lohengrin*)是德国浪漫主义作曲家瓦格纳创作的一部歌剧。

护完全是慷慨无私的,因为事实上我不是一个"旧自由主义者"。社会性、集体性的发现——无疑是光辉灿烂的、极为重要的——是相当晚近的事情。那些人与其说是见到,不如说是触探到了这样一个事实:集体是一种与个人或个人的简单相加很不一样的事实。但是,他们并不是很清楚集体究竟是什么、它有哪些实在的属性。另一方面,当时的社会现象遮蔽了集体性的真实面貌,因为在当时,服务于个人是集体的一大功用。集体在一切领域将个人抹平、对个人强加劫掠再平均分配的时刻还没有到来。

因此,"旧自由主义者"们未有多加留心地接受了集体主义。可是,当他们清楚地看到,在集体这一社会现象中,既有有益的一面,也有恐怖骇人的一面时,他们不得不追随一种全新的自由主义,这种自由主义不再是那么天真单纯了,它更为好战,在地平线上发芽生长,快要开出花朵了。

以这些人的敏锐眼光,他们一定能时不时地窥见到他们那个时代为今天的我们预留的烦恼。在历史上,未来是常常被预言到了的*,这和人们惯常所认为的不一样。在麦考莱、托克维尔和孔德的著述中,我们都能看到今天这个时代被预先描绘出的情形。举个例子,我们可以看看斯图亚特·密尔在八十多年前写下的这些文字:"除去某些思想家个人的学说以外,今天的世界上存在着一种越来越强烈的趋势,要以最极端的方

---

* 有一项既简单又有用的工作,我认为是值得一试的,那就是搜集每个时代关于即将到来的未来的预言。我已经搜集了一些,它们足以让我感到惊愕,因为它们证明,历史上总有一些人是能预见到未来的。

式、通过舆论的力量和法的力量把社会的权力延展到每个人的身上。这个世界上一切的变化都是以社会力量的增强和个人权力的减弱为目的的，因此，这种趋势不会自行消失，只会变得越来越不可抗拒。不管是君王贵胄，还是普通市民，都喜欢以他们自己的意见和趣味为行为准则，强加到其他人身上。支持他们这么做的是人性中固有的一些最好的和最坏的情感，只要一感觉到缺乏权力，他们就不能自已。现在看来，权力不是在衰退，而是在变得越发强大，在目前的情况下，我们只能看着他们的意愿一个劲地膨胀，除非出现一种强大的道德信仰，能抵挡住恶的蔓延。"*

不过，斯图亚特·密尔最令我们感兴趣的地方在于，他关注到了在整个西方日渐增长的同质化，这种同质化是恶性的。这样的认识让他接受了洪堡在其年轻时提出的一个伟大思想。洪堡认为，要让人的生活丰富、稳定并且越来越美好，必须要有"情形的多样性"**。无论是在每一个国家之内，还是在很多个国家组成的集群之内，都应当有各种不同的境况存在。这样的话，如果一种可能性失败了，还有其他的可能性是敞开的。把欧洲的命运押在仅仅一张牌上，把欧洲的命运放在同一种类型的人身上、同一种"情形"之中，是不明智的。欧洲一直在避免这样做，这是正确的选择，尽管欧洲对此秘而不宣。正是对这一秘密的认识，推动着生命长久的欧洲自由主义开

---

* 斯图亚特·密尔：《论自由》，都彭-怀特译法文版（第131页至第132页）。
** 《洪堡选集》第1卷，第106页。

口说话。在这一意识之中，欧洲大陆的多元性认识到自己是一种积极的价值，是一种福分而非祸端。我有必要把这一点说清楚，以免读者对本书提出的欧洲超级国家的概念有所曲解。

如果按照现在的步子走下去，任由"情形的多样性"一步步地衰减，我们将径直坠入罗马帝国晚期那样的处境。那同样是一个大众兴起、同质化严重的时代。在安东尼王朝时代，一种奇怪的现象已经显现了，这一现象一直没有得到足够的重视和研究：人们都变蠢了。这一过程早就开始了。有这样一个不无道理的说法：西塞罗的老师、斯多葛派学者波希多尼是古代世界最后一个能在事实面前保持头脑清晰、思维活跃、能够对事实展开研究的人。在他之后，人们的头脑就运转不灵了，除了亚历山大学派以外，人们所做的无非就是重复，只会照搬前人的话。

在帝国全境之内，人们的生活走向同质化，变得愚蠢，其最可怕的征兆却显现在最为人们意想不到、至今也没有人探究过的地方：语言。语言并不能充分地说出我们每个人实际上想要说出的东西，却能明明白白地暴露出使用这一语言的社会群体最古老的品质，不管我们愿不愿意。在罗马帝国没有被希腊化的地区，通行的语言是那种被称为"通俗拉丁语"的语言，我们今天的罗曼诸语都是由它而来。现在，人们对这种"通俗拉丁语"了解得还不够多，在很大程度上只能通过重构的方式接近其本来面目。不过，关于这种语言已知的两种性质就足以让我们感到震惊了。其一是，与古典拉丁语相比，它的语法结构简单得令人难以置信。上层阶级的语言原本保留了印欧语系特有的迷人的复杂结构，到头来却被一种结构极为简单的平民俗语取而代之。这种平民俗语虽构造简单，却又机械笨重，有着一套结结巴巴、迂回曲折的语法，这种语法弯弯绕绕不成形，和小孩子说话的方式差不多。事实上，这就是一种幼稚而糊涂的语言，既不适合棱角分明的思辨，也不适合灵光闪耀的抒情诗。它没有亮光，没有温度，没有清楚的面目也没有灵魂的热度，只能凄凄惨惨地摸索前行。它的词汇就像是脏兮兮的老旧铜币，失去了浑圆的轮廓，仿佛已经受够了在地中海岸边的酒肆里起落翻滚的生涯。试想一下，在这干瘪空洞的语言装置的背后，隐藏着的是什么样的人生呀！就是那种自暴自弃、自我毁灭、甘愿流于日常琐碎的人生。

通俗拉丁语另一个令人恐惧的特性，正是它的同质性。语言学家或许是最不易于为什么事情大惊小怪的人，在这方面他们仅次于飞行员。他们似乎并没有为这一事实感到震惊：在迦太基和高卢、庭吉塔纳和达尔马提亚、西班牙和罗马尼亚这些差异如此巨大的地方，人们说着一模一样的话。而我是一个相当易受惊吓的人，看到风儿把芦苇吹弯了腰都要哆嗦两下，面对这样的事实，我是不由得浑身里里外外一阵战栗的。我觉得这太可怕了。我来揭示一下，这同质化的表象之下究竟是什么；这一现象的平静外表之下，是活生生的事实。毋庸置疑，当时存在着非洲方言、西班牙方言、高卢方言。但是，语言的主要躯干是共同的、一样的，尽管有地理上的距离，尽管交流稀少、沟通困难，尽管没有出现一种文学来帮助确立这一躯干。凯尔特－伊比利亚人和比利时人、希波人和卢泰西亚人、毛里塔尼亚人和达契亚人是怎样变得如出一辙的呢？唯一的原因是，他们经历了共同的扁平化，他们的生活退回到基本状态，失去了内涵。今天，通俗拉丁语被存放在档案中，像令人不寒而栗的腐尸，证明曾经发生过的事实：历史曾在凡庸的同质化统治之下奄奄一息，因为"情形的多样性"已然消失。

四

本书不是政治学著作，我也不是从政者。我在本书中探讨的话题是先于政治的，是位于政治地表之下的。我做的工作好比是矿工在黑漆漆的地下所进行的劳作。所谓"知识分子"的使命，从某种程度上说，是与从政者相反的。知识分子的所作所为，追求的是让这个世界呈现得更清楚一点，尽管他们的念想常常落空，而从政者的所作所为，追求的往往是相反的目标，他们要让这个世界变得比之前还要混浊不清。一个人要成为白痴的话，有无数种方式可以选择，当左派或者当右派都算其中之一：不论是成为左派，还是成为右派，都是精神瘫痪的表现。此外，这些称谓的存在大大助长了对现实的曲解，而今天的现实本身已经是相当虚伪了，因为这些称谓所代表的政治经验越发令人难以理解，正如今天的事实所显露的那样：右派在呼唤革命，左派在鼓吹专制。

思考时代命题，是一项义务。我一直在这么做，时刻准备好接受新的任务。然而，现在人们常常说的一件事——这已经成为了一股"潮流"——则是，所有人都应当参与政事，哪怕要付出头脑不再清爽的代价。说这话的人，自然是没有其他事情可做的人。他们甚至还引用帕斯卡的d'abêtissement①来佐证他们的主张。而我早已经学会了在有人引用帕斯卡时保持警惕。这是一种出于内心健康的审慎。

政治泛化，也就是说，让所有人都来参与政治，和本书所描述的大众的反叛的现象是同一回事。反叛的大众失去了一切信仰和认知的能力。他们的头脑里只装得下政治，一种越轨的、狂热的、失去自我控制的政治，它妄图取代知识、信仰、智慧，总之，它妄图取代的是那些就其本质来说理应占据头脑中心位置的东西。政治可以将人本有的孤独和隐私统统清空，于是，政治泛化的说教就成了一种使人社会化的手段。

如果有人问我们，我们在政治上是哪个派别，或是带着我们这个时代特有的傲慢姿态，预先认定我们属于哪个政治派别，我们应当反问他，在他看来，人是什么，自然是什么，历史又是什么，以及社会、个人、集体、国家、习俗、法律，这些都是什么。政治只会匆匆忙忙地熄灭灯火，让所有这些看起来都一般黑。

欧洲的思想应当给这些话题投以新的光芒。思想就是为此而生的，不是为了在学术会议上作孔雀开屏式的表演而存在的。此事刻不容缓，或者，如但丁所说，要赶紧找到出路，

---

① 法语，意为"愚笨，愚钝"。

你们勿要停留，

趁西边的天还没黑下来，抓紧赶路。

(《神曲·炼狱篇》第二十七歌)①

只有这样，我们才有些微的可能，为今天的大众带来的巨大难题寻找到解决之道。

本书无意做此尝试。正如本书结尾所言，这只是第一次试图接近这一当代人的问题。要更为严肃、更为深入地探讨这一问题，必须穿上潜水服，直降到人的最深处。这件事必须要做，不必有太强的意图，但一定要有决心，我已经在一本即将以其他语言出版、题为《人和人们》的书中做过尝试了。

我们一旦了解清楚今天这种占主导地位、被我称为"大众人"的人是什么样的，接下来面对的则是更为严峻、更为发人深省的问题：这样的人可以被改良吗？我的意思是：这样的人身上有着很严重的缺陷，如果不能被根治，西方将无可挽回地走向毁灭，那么这些缺陷可以得到补救吗？我在书中已经说到，这种人是自闭的，是不向任何一种高于自己的力量敞开自己的。

另外，还有一个决定性的问题，在我看来，西方康复的一切希望都取决于它，那就是：大众可以唤醒个人生活吗？这个

---

① 此处参考了《神曲》朱维基的译本（上海译文出版社2011年版）。

可怕的话题不适合在这里展开探讨,因为它太新了。讨论这个问题需要使用的词汇,还没有出现在公众意识中。也没有人想到要研究一下,在过去的每一个时代,人类生活被赋予的个人性余地是如何不同。因为"进步主义"的惰性思维总是认为,只要历史向前行进,作为个人可以得到的空间就会越来越宽裕,正如那位正直的工程师、无用的历史学家赫伯特·斯宾塞所认为的那样。这是错误的想法:在这方面,历史上倒退的例子层出不穷,也许,我们这个时代的生活结构恰恰使得人相比以往更难以作为个人而生活。

每当我看到大城市里庞大的密集人群,看着他们在街道上来来往往、群情激昂地参与节庆或政治游行的时候,我的心中总会浮现出这样的想法:今天的一个二十岁的人还能自行制定一个个人性的人生规划,并且靠着独立的意志、个人的努力将这一规划付诸实现吗?当他试图将这一头脑中的幻象转变为现实的时候,他难道不会发现,这是几乎不可能实现的吗?因为他没有可以安放他的幻想、让他可以依着自己的想法展开行动的空间。他很快就会发现,他的人生规划与别人撞在了一起,就好比别人的人生压制了他自己的人生。这个年龄的人是很容易适应环境的,沮丧失望的情绪使得他放弃了所有的个人行动乃至所有的个人欲望,他会去寻找与之相反的解决之道:他会自个儿想象出一种"标准"的生活,这种生活充斥着所有人都一样渴望、一样需要的东西。他会发现,要过上这样的生活,他必须和其他人一起发出集体性的诉求或呼吁。于是,大众行动开始了。

这样的情形是可怕的，但是，我认为这并不夸张，这就是今天几乎所有欧洲人正身处其中的真实状况。在一个关押的囚犯数量远超其最大容量的监狱里，没有哪个囚犯可以出于自己的意愿挪动一只胳膊或是一条腿，因为他一旦这么做就会碰到别人的身体。在这样的情况下，所有人的动作必须保持一致，就连呼吸器官都得按照同一种规定好的节奏来运转。这就是欧洲变成一个白蚁巢时的样子。但是，这残酷的景象并不是最终的结局。人是不会组成白蚁巢的，因为正是所谓的"个人主义"造福了这个世界，造福了这个世界上的所有人，让人类之树繁盛茂密。"个人主义"的遗体一旦消失，晚期罗马帝国的瘦弱而庞大的身躯将在欧洲重现，人们将会成批地倒下，如同遭受到一个暴怒之神的报复性打击，只会留下少量的人继续存在。

不管我们是否愿意，这个问题已经近在眼前。在它的骇人面目跟前，"社会正义"的话题尽管值得尊敬，却显得苍白无力，像是浪漫主义者虚假做作的叹息。但是与此同时，"社会正义"的说辞也指出了正确的道路，沿着这样的道路走下去，必然得到"社会正义"所许诺的东西。这条道路似乎并不会经过庸俗的社会化，它只会一路笔直地通向一种高尚的社会连带主义（solidarismo）。所谓"社会连带主义"是一个没有实际意义的词，因为这个词至今还没有把一整套历史理念和社会思想整合在自身之中，只是流露出一些模糊的慈善观念。

要改善现在的状况，首要的条件是认清任务有多艰巨。

只有这样，我们才能深入到祸害源起的地层中去，对邪恶的力量展开打击。事实上，当一个文明堕落到受蛊惑人心者统治时，要拯救这个文明是相当困难的。蛊惑人心者向来是文明的杀手。古希腊文明和古罗马文明都毁于这种人之手，麦考莱曾发出感叹说："古往今来，人性最为卑劣的代表都是善于蛊惑人心者。"*但是，蛊惑人心者绝不仅仅是能面对人群慷慨陈词之人，一个地方行政长官也可以做到这样。蛊惑之术的核心存在于蛊惑人心者的脑子里，其要旨在于，他对他自己操纵的那套思想完全不负责任，这些思想并不是他创造的，而是他从真正的创造者那里接收过来的。蛊惑之术的泛滥是知识阶层堕落的表现，作为欧洲历史上波及范围甚广的现象，它出现在1750年前后的法国。为什么是那个时候？为什么是在法国呢？那是西方的命运特别是法国的命运最为关键的几个节点之一。

那是因为，正是从那时开始，法国人就开始持有这样的信念，而这也传染到欧洲大陆几乎所有的国家：解决人类重大问题最好的方法，就是革命的方法，这里的革命就是莱布尼茨所言的"普遍革命"**，就是一下子在所有领域改变一

---

* 见《自詹姆斯二世继位以来的英国史》第1卷，第643页。
** "我甚至发现近似的意见也一点一点潜入那些统治别人并为大事所系的大人物们的心中，和侵入那些时髦的书籍之中，促使一切事物都经受那威胁着欧洲的普遍革命"，《人类理智新论》第4卷第16章（中译文参考了陈修斋译《人类理智新论》，商务印书馆1982年版）。这证明了两点：第一，1700年左右，当莱布尼茨写下这些话时，他能够预见到百年之后发生的事；第二点，今天欧洲遭受的祸害起源于比人们惯常认为的要更为久远的年代。

切的意志*。就这样，法国这个如此美好的国家在非常糟糕的状态下迎来了今天的艰难时刻。因为法国拥有或者说自认为拥有革命的传统。如果说革命已经是一件很严重的事情了，那么再加上"传统"，会有多么严重！确实，在法国已经发生过"大革命"以及另外几场暴烈的或者说荒唐的革命，不过，如果我们注意看编年史记载的赤裸裸的事实，就会发现，这些革命的主要作用是让法国在整整一个世纪中比其他任何一个国家都更为长久地生活在专制的、反革命的政治形式之下，只有短短几天或者几个星期是例外。特别是第二帝国的二十年，那是法国历史上的精神大倒退，这一大倒退显然要拜1848年革命者们的胡闹所赐**，腊斯拜①曾承认，这些革命者中不少人曾经是他的顾客。

在革命当中，抽象的东西意图造反，反抗具体的东西，正因为此，革命是注定要失败的。人的问题是不像天文学问题或化学问题那般抽象的。人的问题是极其具体的，因为人的问题是历史的。唯一一种可能在使用中证明其正确的思想方法，就是"历史理性"（razón histórica）。如果我们大体上回望一下最近150年以来法国的公共生活的话，我们必然会发

---

* "……我们这个世纪自认为肩负使命，要改变一切的规律……"，达朗贝尔：《百科全书序言》，1821年。
** "1848年的革命是正直的、无可指责的，同时又是不可预见的、肤浅的。它造成的后果是，在不到一年的时间里，我国的目光最短浅、最保守顽固的势力取得了权力。"勒南：《当代问题》。勒南在1848年时还是个青年，他支持这场运动，在他成熟后，他还是为革命说了点好话，认为它是"正直的、无可指责的"。
① 腊斯拜（François Vincent Raspail，1794—1878），法国医生、政治家。

现，几何学家、物理学家和医生几乎总在做出错误的政治判断，而历史学家却总是对的。然而，在法国，数理理性主义的势力太强大了，以至于历史学家左右不了公众舆论。马勒伯朗士①因为在他朋友的桌上看到一本修昔底德，就和他朋友断交了*。

在过去的这几个月，我独自一人在巴黎街头转悠的时候，常常想到，我在这座都市里事实上一个人也不认识，除了城中的雕像。有些雕像算是我的老朋友了，他们一直吸引着我，或者说长久以来是我内心的良师。我既然找不到人聊天，就和他们聊了好些事关人类的重大话题。这些谈话让我人生中一段痛苦而才思枯竭的时光变得好受了一些，我不知道是否有一天可以出版一部《雕像谈话录》。我曾和孔蒂码头的孔多塞侯爵聊过"进步"这一危险的概念。在王子先生路上的那间公寓楼里，我和孔德的小型半身塑像聊过"精神力量"（pouvoir spirituel），这一力量没有被文坛权威们充分使用过，也没有得到已经完全脱离了国家生活的大学的重视。与此同时，我也很荣幸地从这尊雕像那里接受了一个委托，要把一条富有能量的信息传达给矗立在索邦广场的另一尊更大的孔德雕像，这个孔德是个假孔德，是官方的、法语大词典里的孔德。不过，自然的，我还是更乐意听我们伟大的老师笛卡尔讲几句，他是对欧洲贡献最大的人。

---

① 马勒伯朗士（Nicolas Malebranche，1638—1715），法国哲学家、神学家。
* 见 J. R. 卡勒《丰特奈尔的哲学》，第143页。

人生命运的偶然让我在写下这些文字时，恰好能看到这位理性的发现者在1642年旅居荷兰时住过的那个地方。这个地方叫恩德海斯特，我房间的窗户就被遮蔽在它的茂密树影下。这个地方如今是一座疯人院。每天我有两次能看到头脑不正常的人——我小心翼翼地跟他们保持距离——从我眼前走过，他们出来放风片刻，让他们不健全的精神透透气。

三百年的"理性主义"经验，让我们不得不重新思考伟大的笛卡尔"理性"光辉之处在哪里，局限又在哪里。这种理性仅仅是数学的、物理的、生物的理性。它对自然取得了前人连做梦都不敢想的辉煌胜利，却在面对人的问题时败下阵来。它发出召唤，让我们把它整合进另一种更为彻底的理性之中，这个理性，就是"历史理性"*。

历史理性能向我们揭示，一切的"普遍革命"，一切对一个社会做出迅即的改变、重新开始历史的意图，如1789年的暴乱者们所尝试的那样，是多么的空洞。可以与革命的手段相抗衡的手段只有一种，它是与欧洲人拥有的长久经验相匹配的。革命表现出虚伪的大度，急匆匆地呼吁各种权利，却一直在践踏和破坏人的一项基本权利，这项权利是人与生俱来的，它也是人的本质：延续的权利。人类的历史与自然的历史唯一的根本差别，在于前者是永远不能重新开始的。科勒等人已经证明，黑猩猩、大猩猩与人类的差别并不在于我们称为"智力"的那个东西，而是在于，它们的记忆力要比

---

* 见《作为体系的历史》一书。

我们差得多。这些可怜的动物每天一早醒来,就把前一天经历的一切几乎统统忘光了,它们的头脑不得不在极少量经验的基础上运转。同样的,今天的老虎和六千年前的老虎没有差别,因为每一只老虎都必须从头开始做老虎,仿佛之前不存在过任何一只老虎似的。而人类则相反,因为有记忆的能力,人会把自己的过去累积起来,使之成为自己的所有物并加以利用。一个人从来不会是第一个人,他的生活必定始于往昔堆积起来的某一个高度。这就是人的唯一的珍宝,是他的特权、他的标志。这份财富中次要的部分是他认为正确的、值得收藏的东西,而真正重要的是对错误的记忆,这些记忆能让我们不再犯同样的错。人类的真正财富是人类犯过的错,千百年来,人们一直在享用这宝贵的生活经验。因此,尼采将超人定义为"拥有超长记忆的人"。

斩断承自过去的延续性,妄图重新开始,就是自甘倒退,学着做猩猩。令我高兴的是,正是一个叫都彭-怀特的法国人在1860年左右发出了这样的呐喊:"延续性是一项人的权利;它是向使人有别于动物的一切要素发出的敬意。[*]"

现在我的面前有一张报纸,我刚刚读了上面的一则报道,是关于英国庆祝新国王加冕的。人们常说,英国的君主制长久以来只是一种纯粹象征性的制度。这是事实,但我们在说这句话的同时忽略了最关键的一点。的确,君主在英帝国并不发挥任何实际的、具体的作用。他的角色并不是统治,也不是管理

---

[*] 见他翻译的斯图亚特·密尔《论自由》一书的译者序,第44页。

司法或是指挥军队。可是，君主制并不因此就成了一个空洞的、无用的制度。在英国，君主制承担的是一项极为明确的、有着极高效力的功能：象征的功能。因此，英国人民才会带着明确的意图，极为认真严肃地看待新王加冕仪式。现在的欧洲大陆已是一片混乱，而英国人则力图保持住长期以来规范着他们的生活的准则。英国人又给我们上了一课。欧洲总像是一群乌合之众，欧洲大陆上的人不乏聪明才智，却缺少沉静的气质，总是天真幼稚，从来不曾长大成熟，而英国总是跟随在他们身后，如同欧洲的保育员。

　　这个民族总是先于其他民族抵达未来，在几乎所有的领域都领先于所有民族。或许我们应当把"几乎"二字略去。现在，英国人带着些许做作，让我们看到了一场古老的仪式，看他们古老、神奇的用具如何继续发挥作用——它们从不曾脱离现实，看他们如何使用王冠和权杖，这些东西在我们这里只能左右扑克牌的命运。**英国人一直在向我们证明，他们的过去正因为是已经过去了、已经发生在他们身上了，所以才为他们持续存在。**他们站在我们还未抵达的未来，让我们看到，他们的往昔是仍然生动有效的*。这个民族在它全部的历史中顺畅运行，是它自身历史的真正主宰，积极地拥有和保存它的往昔。

---

*　这不是简单说说，而是有文字可据的事实，因为在法律领域，这句话同样是有效的。在英国，"过去与现在之间没有屏障。现行的法律来自久远的过去，未曾中断。英国的法律是历史性的法律。从法律意义上说，英国的'古法'是不存在的"。"因此，在英国，不管在哪个时代，所有的法律都是现行的法律。"见勒维－乌尔曼：《英国的司法制度》第1卷，第38—39页。

这才算真正成为一个人类民族：今天可以延续昨天，同时不会因此失去明天；可以生活在真正的当下，因为当下就是过去和未来的在场，是过去和未来切实存在的地方。

通过欢庆加冕的象征性举动，英国再一次以延续的手段克服了革命的手段。在人类文明的进步中，只有延续的手段才能让历史避免陷入病态的境地，沦为瘫痪症患者和癫痫病患者之间永无止歇的斗争。

五

在本书中，我对当今占主导地位的这种人进行了解剖。我的解剖是从这种人的外在形象开始的，也就是说，从皮肤开始，然后再朝着其内脏的方向深入。因此，现在来看，最开始的几章是显得最为过时的。时间的皮肤已经更换了。读者在阅读这些章节时，应当把时间回溯到1926年至1928年。当时，欧洲的危机已经开始了，不过这场危机看上去仍然和曾经发生过的数次危机没什么两样。当时的人们仍然感到自己是绝对安全的。他们还在享受着通胀的奢侈生活。他们还在想着：有美洲哇！神奇繁荣的美洲。

这本书唯一能让我感到有点自豪的是，我没有像当时几乎所有的欧洲人、包括经济学家们那样，犯眼光上的错误。我们不该忘记，在当时，人们都信誓旦旦地认为，美洲人发现了另一种生活的组织方式，可以让经济危机这一人类病患永远不再发生。欧洲人发明了迄今为止最高级的文明成果——历史意识，可在当时，他们表现得完全缺乏历史意识，这实在让我脸红。"美洲就是未来"的老旧共识一时间蒙蔽了欧洲人的慧眼。当时，我大胆地对这一谬误提出反对意见，我坚持认为，美洲根本就不是未来，事实上，美洲代表的是久远的过去，因为美洲就是原始主义。我还指出，不管是过去还是现在，北美都要比南美即西班牙语美洲更为原始，这同样与人们惯常认为的相反。今天，事实显得越来越清楚了，美国的富家小姐到欧洲来不再感慨"欧洲没什么有意思的东西"了——当时有一位美国姑娘就是这么跟我说的*。

我在这本书中还努力做了一件事情。在人类特别是欧洲人即将面临的重大问题中，我剥离出一个要素——我描绘了中人的种种特点，这种人在今天逐渐主宰了一切。我保持克制，对于顺带点到的那些问题，都没有把自己的想法展开说。在这本书中，我往往是为了阐明本书的主题，让自己对其他问题的见解显得不够充分。举一个例子就够了，这也是一个根本的问题。我在书中研究了中人延续现代文明的能力，考察了中人在何种程度上能保留现在的文化。任何人都会说，文明与文化这两样东西对我来说不是问题。事实上，从我最早发表的文章开始，我就一直在质疑文明与文化，把它们当成重大问题。不过，我不应当把事情弄复杂。不管我们面对文明和文化采取什么样的姿态，摆在我们眼前的、我们应当分析的第一要素，是大众人表现出的种种怪象。因此，要紧的是先粗略地描绘出他们的症状。

---

* 见本人《黑格尔与美洲》一文（1928年）以及后续发表的几篇以美国为题的文章（分别见《全集》第2卷、第4卷及第5卷）。

除了以上所述之外，法国读者们对本书就没什么好期待的了。总之，这本书是在风暴当中为保持镇定而做出的一种尝试。

何塞·奥尔特加·伊·加塞特
1937年5月，荷兰，乌赫斯特海斯特，"白房子"

第一部分
大众的反叛

第一章　群聚现象*

有这样一个事实，不管是好是坏，它都是当今欧洲公共生活中最为重要的一个事实。这个事实就是，大众全面掌握了社会权力。从"大众"的定义上说，大众是既不应当也没有能力掌控自身的存在的，更遑论管理社会了，这就意味着今天的欧洲正在遭受民族、国家和文化可能遭受的最为严重的危机。这样的危机，在历史上曾不止一次地发生过。它的面目和它的后果是为人熟知的。它的名字也已经为人知晓了，那就是"大众的反叛"。

要理解这样一个重要事实，自然应当避免给"反叛""大众""社会权力"这样的词赋予仅仅是或者主要是政治上的含义。公共生活并不单单是政治层面上的，它同时也是并且更是知识、道德、经济、宗教层面上的；它包含群体依循的惯例，包括了穿戴的方式和享乐的方式。

---

* 我在1922年出版的《没有主心骨的西班牙》一书，我于1926年发表在《太阳报》上的题为《大众》的文章，以及我1928年在布宜诺斯艾利斯"艺术之友"协会所做的两场报告，都探讨过本书将要展开的这个话题。现在我打算把之前发表过的话再挑拣和完善一下，使之成为关于我们这个时代最为重要的事实的一套有条理的学说。

也许，接近这一历史现象的最佳方式，是诉诸视觉经验，聚焦于我们时代的一个方面，它是显而易见的，用肉眼就能看到的。

将这个事实表述出来很容易，而要作一番分析就没这么容易了。我把它称为"群聚现象"，或者"满盈现象"。城市里挤满了人。房屋里挤满了租客。酒店里挤满了宾客。火车上挤满了出行者。咖啡馆挤满了消费者。街道上挤满了行人。名医的诊室里挤满了患者。但凡不是太落后于潮流的演出，台下总是挤满了观众。海滩上挤满了来游泳的人。找位子，这个之前一般不成问题的事情，如今频频地成为问题。

就是这些。在今天的生活中，还有比这更简单、更明显、更经常的事实吗？现在，让我们剖开这一现象的肤浅表面，我们就能惊奇地看到，一股意想不到的水流喷涌而出，白天的白光，也就是今天的、现时的白光，透过这股水流，分解出它内在里具备的多种色彩。

我们看到的，究竟是什么？是什么让我们惊奇不已？我们看到了聚集在一起的人群，正如我们所看到的那样，他们占有了各个地方，占有了由文明创造的各种工具。只消稍稍作一番思考，我们就会为自己的惊奇而惊奇不已。这不是理所当然的吗？剧场的位子就是让人去坐的，就是要让观众把大厅填满。火车的座位，酒店的客房，不也同样如此吗？是的，这都没有问题。问题是，在以往，这些地方、这些车厢并不总是客满的，而现在它们总是爆满，外面的人使出浑身解数要挤进去享用它们。尽管这一事实是合乎逻辑的、自然而然的，我们不能不认识到，这一事实以前从未发生过，现在则成了常态；因此可以说，变化已经发生，革新已经出现，这样的变化和革新至少可以在刚开始的时候证明，我们的惊奇不是没有来由的。

惊奇，感到诧异，是理解的开始。这是知识分子的运动，是专属于他们的奢华。因此，从事这一行业的人的惯有表情，就是睁大好奇的眼睛观看世界。对于一双张得足够大的眼睛来说，世界上的一切都是奇怪的，同时也是美妙的。惊叹于世界的美妙，是足球运动员享受不到的幸福，这种幸福能让知识分子在这个世界上尽情遨游，长久地迷醉于目之所见的玄幻中。知识分子的职业标志，就是一双惊奇的眼睛。因此，古人给密涅瓦[①]配上一只猫头鹰，这种鸟总是把眼睛瞪得大大的。

群聚现象，满盈状态，在以往都不是经常发生的，为何如今成为了常态呢？

这些密集人群的组成者，不是凭空冒出来的。大致上讲，同样数目的人早在十五年前就存在了。自然，在大战之后，这个数目减少了一些。然而，正是在这里，我们发现了第一道重要标记。组成这些人群的个体是之前就存在的，但那时候他们还不是作为密集人群而存在。他们分散在这个世界上的各个地方，或是以小团体的形式存在，或是单独存在。他们的生活看上去是没有交叉的、相互脱离的、彼此间相距遥远的。不论是

[①] 密涅瓦（Minerva）是古罗马神话中的智慧之神。

在乡村，还是在城镇，或是在大城市的居民区里，每一个个体，或者说每一个小团体，都固守着一块地盘，或许是自个儿的地盘。

现在，他们忽然以群聚的方式出现在我们眼前，我们无论到哪里都能见到密密麻麻的人群。真的是无论在哪里吗？不，不，确切地说，是在最为上佳的地方，这些地方是人类文化中相对来讲比较精致的创造，以前是仅供少量群体——说得更明白一点——仅供少数派专享的。

密集人群在须臾间显现于世，在社会最优越的地方站稳了脚跟。在以往，如果说它确乎存在的话，它也是不会引起注意的，盘踞在社会舞台的最深处；现在，它越过了打击乐的位置①，成了舞台上的主要人物。主角没有了，舞台上只有合唱团。

"密集人群"这一概念是数量性质的，视觉意义上的。我们不妨把这一概念翻译成社会学术语，同时不改变它的原义。这样我们就得到了"社会大众"（masa social）的概念。社会总是一个由少数派和大众这两种要素组成的动态统一体。少数派，就是一些特别优秀的个人或者由这样的个人组成的团体。大众，则是由并不特别优秀的人组成的集合。不要把大众仅仅或者主要理解为"劳工大众"。大众就是"中人"（el hombre medio）。于是，原来单纯是数量性质的概念——密集人群——就成为了一个具有质量性质的概念：这是常人皆有的

---

① 在交响乐团的舞台布局中，打击乐组一般坐落在舞台最深处。

品质,是社会这一臃肿躯体的表现,是与其他人无异、并且在自身复制一种普遍类型的人。在这一从量到质的转化中,我们得到了什么?很简单:通过后者,我们得以理解前者从何而来。诚然,一个密集人群的形成,一般来说,意味着组成这一人群的各个个体在愿望、想法和生活方式上是一致的,这是再明白不过的道理。有人可能会说,所有的社会群体都是这样的,不论它们各自是如何地追求卓越。确实如此;不过,这其中存在一种根本性的差别。

在那些以不合庸群、不做大众为特色的团体中,其各个成员的一致之处,在于某一种愿望、某一种理念或理想,这种愿望、理念或理想本身就是拒绝多数的。要组成一个少数派,不管是什么样性质的少数派,每一个成员必须先让自己出于**特别**的、相对来说是个人性质的理由与人群相脱离。他与组成少数派的其他成员的一致,自然要后于他的遗世独立,因此,这种一致可以说是一种不与众人一致的一致。有时候,这种团体的遗世独立式的特色会彰显出来:有些英国人组成自称为"不随大流者"的社团,也就是说,这些人仅仅是在不愿和数量无限的人群取得一致这一方面取得了一致,于是聚在了一起。少数人聚在一起,恰恰是为了与多数人相脱离,这一因素存在于所有少数派的形成过程中。马拉美曾诙谐地说,一位高水平的音乐家登台演出,听众寥寥,那么这些听众是用他们人数稀少的在场凸显了大多数人的不在场。

实际上,不用等到诸多个体的群聚出现,我们就可以将大众定义为一种心理学事实了。面对单独的一个人,我们就可以知道这个人是否是大众了。大众就是这样的人：他不会以什么特别的理由来评价自己——不管是好是坏，而是感觉自己"跟所有人都一样"，并且不会为之不安；感到自己和其他人一模一样，是很合他的意的。我们想象一下，有这样一个谦卑的人，当他出于特别的理由想评价一下自己时——他自问是否有这方面或是那方面的才能，是不是在某个领域出类拔萃——他意识到，他不具备什么优秀的品质。他会自感平庸、凡俗，自觉天资不足，但是，他不会感到自己是"大众"。

说起"精英少数派"时，不怀好意者往往会歪曲这个短语的意思，装作不知道这个事实：精英人士不是那种自认为高人一等的自大狂，而是相比于其他人对自我要求更高的人，哪怕他自己还没有完全实现这些高要求。毫无疑问，对人类可以做的最为根本的区分，就是把人类分成这样两种人：一种人对自己要求很多，将种种困难和责任累积于己一身，另一种人则对自己没什么特别要求，对于他们来说，生活就是每时每刻成为他们已经成为的样子，他们不会做出任何完善自身的努力，如同随波漂流的浮标。

这让我想起，正统的佛教是由两种不同的教派组成的：一种更为严格，更为艰苦，另一种更为宽松，更为凡俗；前者叫摩诃衍那——"大乘"或"大道"，后者叫希那衍那——"小乘""小道"之意。关键的区别在于，我们是把自己的生命放在这辆车上，还是那辆车上，是对自己提出最高的要求，还是最低的要求。

将社会分为大众和优秀少数,并不是把人分成不同的社会阶级,而是把人分成不同的级别。这也不是上等人和下等人的等级划分。诚然,在上等人中间,在成功跻身上流社会的人群中,更有可能找到选择了"大乘"的人,而下等阶层一般总是由品质较差的人所构成的。但事实上,在每一个社会阶级中都有大众和真正的少数派之分。正如我们将会看到的,我们这个时代的一大特点,就是大众、庸人占据了主导地位,即使是在具有精英传统的团体中也是如此。知识界从其本质上来说是要求资质的,能者治学是其题中应有之义,如今不难发现,没有资质的、不合格的、自身素质不达标的伪知识分子正在一步步地取得胜利。同样的情况也发生在尚存不多的"贵族"群体中,不论是男是女。另一方面,今天也常能在工人中找到特别优秀的、能严于律己的人,而在以往,工人群体是可以作为我们所谓的"大众"最为典型的代表的。

然而,社会当中总是有许多性质各异的事务、活动和职能,从其本质上来说是很特别的,因而只有具备同样特别禀赋的人才能把它们执行好。比如,某些具有艺术性质、奢华气息的享乐活动,或是政府管理工作、关于公共事务的政治评判职责。在以往,这些特别的活动是由具备资质的少数人来完成的——至少是自认为具备资质的人。大众是没有介入这些活动的意图的:大众意识到,要想介入这些活动,就得具备那些特别的禀赋,并且不再做大众。在一个健康运转的动态社会中,他知晓自己的角色。

现在,如果我们回过头来,再看看开头所提到的那些现象，它们就明白无误地显现为大众的态度发生转变的前兆了。这种种前兆都在表明，大众已经毅然决然地跨到了前台，站在了社会的第一层面，占据了先前仅属于少数人的地盘，开始使用原本是少数人专有的工具，体验原先仅供少数人享用的快感了。显然，那些地盘并非是为这些密集人群所预设的，它们的范围太局促，人群往往会溢出它们的边界，于是，一个新的事实明明白白地展现在人们眼前：大众仍然是大众，现在却要来取代少数人了。

今天相比以往有更多的人得到更大程度的享受，我相信，没有人会为此感到遗憾的，因为他们既有欲望也有条件去享受。问题是，大众采取的这一决定，也就是说，介入本属于少数人的活动，并不仅仅也不可能仅仅表露在享乐方面，而是成为了这个时代普遍的方式。由此——先提前预告一下我们会看到的内容——，在我看来，近些年来政治上发生的种种变化所意味着的，不是别的，正是大众在政治上的全面统治。旧式民主一直靠着相当大剂量的自由主义和人们对法律的热忱来调节自身。当个人服从于这些原则时，他就被迫在自身贯彻一种严苛的纪律。少数派是依靠着自由原则和法律准则来行动和生活的。民主、法律、合法共存，在过去可是同义词。而我们今天看到的，是一种超级民主的胜利，大众可以抛开法律直接行动，通过施加实实在在的压力来强力推行他们的诉求和他们的品位。将新的形势读解为大众已经厌倦了政治并将行政的职责交到了具备特殊才能的人手中，是完全错误的。恰恰相反。这种情况是过去常有的，这正是自由式的民主。那时候大众还认为，不管怎么说，政治精英对于公共问题要比他们懂得更多一点，虽然精英也有自身的缺陷和毛病。现在，大众反而觉得，他们有权去挥舞权棒，给他们在咖啡馆里发表的言论赋予法律效力了。我想，历史上恐怕没有哪个时代是像我们今天这样的，竟有这么多的人可以如此直接地行使统治权。因此，我说这是"超级民主"。

同样的情况也出现在其他领域，特别是在知识界。或许我的判断是错的；但事实是，现在的写作者一旦拿起笔来，要写一个他已经做过长期研究的主题，就必然会想到，一般的读者虽然压根儿没有思考过这个话题，可一旦读起他写的东西，是绝不会抱着求新知的想法的，恰恰相反，只要这些文字与这位读者脑袋瓜里的浅见寡识有所偏差，他就会对作者大加审判。如果组成大众的个人都是些自命不凡的人，那么这种情况还仅仅是个人错误而已，不至于到社会大乱的地步。**我们这个时代的特别之处在于，凡庸者自知凡庸，却还有勇气去肯定凡庸头脑的权利，并且四处声张**。就像美国人常说的：与人不一样，就是不体面。大众碾压一切差异、一切卓越、一切个性、一切资质、一切精英。一切和所有人不一样的人，一切不与所有人保持一致想法的人，都难逃被清除的危险。显然，这里的"所有人"并不是"所有人"。在以往，一般来讲，"所有人"是由大众和异于常人的、特别的少数人所组成的复杂统一体。现在，"所有人"仅仅是大众了。

这就是我们这个时代的重要事实，我不加掩饰，把它的粗暴面目描绘了出来。

第二章　历史水平的上升

　　这是我们这个时代的重要事实，我不加掩饰地描绘了它的粗暴面目。另外，这也是我们这个文明的历史中出现的一个全新现象。在它整个的发展历程中，从没有发生过类似的事情。如果我们非要找到某个相似的史实的话，就得跳出我们的历史，浸入一个与我们的世界全然不同的世界或者说生活环境中；我们得悄然潜入古代世界，来到它开始没落的时刻。罗马帝国的历史也就是动乱的历史，是大众帝国的历史，大众吞噬、消灭了作为领导者的少数人，占据了原先由他们占据的位置。当时，同样出现了群聚现象、满盈现象，因此正如斯宾格勒所精确指出的那样，那时候的人不得不建造巨大的楼宇，就跟今天一样。大众的时代就是崇尚巨大的时代。*

　　我们生活在大众的粗暴统治之下。好吧，我们已经有两次用"粗暴"来称呼这种统治了，我们已经向话题之神缴纳过贡税了；现在，既然已经拿到了门票，我们可以高高兴兴地直奔主题，进到剧场里看戏了。有人会认为，我对自己所做的这番描述心满意足了吗？这番描述或许是准确的，却还只是外在

---

* 那段历史的令人痛心之处在于，当人口大片大片地集聚在一起的同时，农村人口开始消失，最终导致帝国人口无可挽回的锐减。

的，描述的是事实的表面。要站在历史的视角上看，方能见出表面之下的骇人事实。如果这个话题我就此打住，结束这篇论述，那么读者自然会认为，大众站到了历史前台这一令人难以置信的事实，不过是激发我说出了几个冷冰冰的、充满鄙夷的词汇，表达了一点点憎恶、一点点反感而已；众所周知，对于历史的解读，我是秉持一种彻底的贵族论的*。之所以说是彻底的，是因为我从没说过人类社会**应当**由贵族来统治，不仅如此，我说过，并且一直坚信，而且越来越坚定：人类社会一直就**是**由贵族统治的，不管人们愿意不愿意，这是由人类社会的本质所决定的，甚至可以说，只有让贵族来统治，社会才成其为社会，一旦脱离了贵族统治，社会就不成其为社会了。当然，我说的是社会，不是国家。谁也不会相信，面对这如波涛般汹涌而来的大众，一个真正的贵族仅仅满足于像一个凡尔赛的绅士那样摆出一副不屑的表情而已。凡尔赛——我说的是盛产这种表情的凡尔赛——不代表贵族，恰恰相反：它意味着杰出贵族的死去和腐烂。因此，那些人身上仅存的贵族气质，在于他们接受直奔脖颈而来的铡刀时所表现出来的优雅和庄严，他们坦然面对断头台，如同肿瘤甘心受割于手术刀。不是这样的。对于体会到贵族的深厚使命感的人来说，大众的场面会让他激动，让他兴奋，如同雕塑家遇见了未经雕琢的大理石。社

---

* 见《没有主心骨的西班牙》，1921年首次以系列文章的形式刊登在《太阳报》上（全集第三卷）。我想借此机会提请那些慷慨提笔评论我的著作、却时难以确定我的论著的首版时间的外国人注意：我几乎所有的作品都是借着报刊文章的面具问世的，其中有很大一部分要等上好多年才有勇气转变为书的形式（1946年注）。

会贵族完全不同于那种欲图把"社会"一词完全据为己有的人数极少的小团体，这样的小团体自称"社会"，事实上只不过是玩些你请我、我请你的把戏而已。在这个世界上，万物各有其功能和使命，既然如此，这个小小的"高雅世界"在广袤世界里也是有其功能和使命的，只不过，他们的使命是非常低级的，与真正的贵族需要担负的巨人式的使命不可同日而语。要我说说这种高雅生活有什么意义，我也不会有什么不便，这种生活看上去是没有意义的；但是，现在我们要说的是另一个话题，它的体量更大。当然，这个所谓的"上流社会"也是随时代变化的。有一位女士，正值芳华，装扮入时，在马德里高雅生活的群星中是最为耀眼的那几颗之一。她对我说过一番话，那番话让我思考了很久。她说："我是受不了一个只邀请了不到八百人的舞会的。"通过这句话我能意识到，在今天，大众的风格在所有的生活领域取得了胜利，就连那些原先似乎只保留给 happy few[①] 们的最后的角落，也被大众攻陷了。

有的人在解释我们这个时代时，忽略了大众统治背后所蕴藏的积极意义，还有的人则是不带一丝惊惧地恭迎大众统治的事实，这两种做法我都同样地加以拒斥。一切命运，从其深层意义上说，都是戏剧性的、具有悲剧意味的。一个没有在自己的手心里感受到时代危机搏动的人，是绝不会抵达命运的深处的，顶多只是摸到了它柔嫩的脸颊而已。在我们这个时代，恐怖的因素来自于大众在道德上发起的暴烈反叛，这场反叛强劲有力、不可驯服又暧昧不明，如同所有的命运一样。它要把我

---

① 英语，意为"少数的幸运儿"。

们带向何方？它是一场绝对的灾祸，还是一种可能的利好？它就在那里，巨大无比，压制在我们的时代之上，如同一个巨人，是宇宙的问号，其形状总是难以判定，从中可以见出断头台或绞架的模样，但是，也能隐约见出一座凯旋门的轮廓！

我们需要仔细剖析的事实，可以分为这两点来进行表述：第一，在今天，大众生活的全部内容与之前仅仅属于少数人专有生活的内容多有重合；第二，与此同时，大众在少数人面前变得桀骜不驯了；他们不再遵从他们的命令，不再追随他们，不再尊重他们，反倒是将他们抛在一边，取而代之了。

我们先来分析第一点。我要说的意思是，大众享受原先只供精英群体享受的愉悦，使用由精英群体创制、原先仅由精英群体占有的工具。他们内心里有了以前被定格为精致趣味的欲望和需要，因为所谓精致趣味者，原是少数人的私人财富。举个特别俗的例子：1820年，整个巴黎的私家卫生间加起来还不到十个，关于这一点详见布瓦涅伯爵夫人的《回忆录》。更为甚者，许多原先仅仅是由少数专业人士掌握的技能，在今天已经为大众所了解并且能运用自如了。

不仅是物质方面的技能，还有法律和社会方面的技能，这些更为重要。在18世纪，某些少数人发现，所有的人类个体，仅仅因为生而为人的缘故，无需任何特别的资格认定，就能拥有某些基本政治权利，即所谓的人权和公民权了。严格说来，这些所有人都能享受到的权利是一般人仅有的权利。其他一切非特殊才能不可有的权利则被判定为特权。这在起初是少数几个人持有的纯粹理论和理念；后来，这少数几个人开始实际运用这一理念，开始奔走呼号，四处推广：他们成了精英少数派。然而，在整个19世纪，大众虽然也逐渐地对这些权利的理念产生了热情，却始终视之为理想，并没有对之感同身受，没有实践这些权利，没有让它们发挥效用。他们在民主的法律体系中仍像在旧体制里一样地过活，仍然将自己当成旧时代的人。"人民"——那时候是这么称呼的——"人民"已经知道，主权在己了，然而"人民"并不相信这一点。今天，那个理想已经变成了现实，不仅成了法律——法律是公共生活的外部框架——，更是深入到每一个人的心里，不管是持有什么样观念的人，哪怕是思想反动的人；**也就是说，这些人哪怕是在对承认人权和公民权的制度痛骂不已、大加破坏的时候，也还是认可这些权利的。**在我看来，不了解大众的这一奇特的道德状态，就完全无法明白今天的世界正在发生什么。不具资质的个人、普通平常的人获得主权，已经不再是理念或法律理想了，而是已经成为中人必有的心理状态了。需要注意的是，当某种原来是理想的东西成为了现实的组成部分，它就必定不再是理想了。威望与主权在握的神奇感觉，原本是这个理想的特点，是它在人身上发挥的效用，如今都烟消云散了。源自慷慨民主理想的权利使众人皆同，这些权利已经从崇高追求与理想变成了欲望，变成了无意识的假定。

这些权利的意义，不是别的，是将人的内心从人内在的奴性中解放出来，并在人的内心中宣布某种自主和尊严的意识。这难道不正是当初他们所追求的吗？不就是让中人感觉自己成了主人、成为自己和自己人生的主宰吗？这已经实现了。那么这三十年来，自由派、民主主义者和进步主义者们为什么还在抱怨呢？或者是，他们就像小孩子一样，要一样东西，却不要它带来的结果？他们希望中人能成为主人。于是，当中人开始独立行动，只为自己负责，要求享受这个也享受那个，开始决绝地施加自己的意志，拒绝一切形式的奴役，不听任何人的指令，开始关心自己的身体和自己的闲暇时间，设计自己的着装的时候，他们就不该大惊小怪了：这几条特征都是自主意识固有的。今天，我们发现这些特征在中人、在大众身上牢牢扎根了。

我们可以认定，构成今天中人生活的，是原先仅属于顶层精英的生活内容。现在我们来看：中人代表着每一个时代的历史活动区域；历史中的中人，正如地理学中的海平面。如果说今天时代的平均水平达到了以前只有贵族才能够得到的高度，这无疑就意味着历史水平已经在一代人的时间里实现了骤然一跃——经历了长期的、不动声色的准备，在表现出来时却好似骤然发生。人类生活在总体上已经提升了。我们可以说，今天的士兵颇有长官的气质；人类大军已经全部由长官组成了。今天，无论在哪里，每一个人都满怀干劲，果断而潇洒地在人生中行走，抓紧机会享受，强迫别人接受自己的决定。只消看看这些，就足以得出上述结论了。

不管是现在，还是即将到来的未来，一切好坏的原因和源头，都在这历史水平的普遍提升中。

不过，有一点我们需要注意，之前是没有考虑到的。那就是，如今生活的平均水平达到了过去少数人生活的平均水平，这在欧洲还是一个新情况；在美国，这种现象则是与生俱来的，很早就由宪法所决定了的。读者诸君若要明白我的意思，可以想一想法律平等的意识。这种感觉到自己是自己的主人、自己和其他任何一个人都一样的心理状态，在欧洲以往只有最顶层的那几拨人可以专享，而在美国，早在18世纪就人人皆有了，几乎从一开始就是这样了。还有一个新的情况，更为奇特，那就是：在欧洲，当这种中人的心理状态出现时，当人们的整体生活水平得到提升时，欧洲人生活的格调与方式无论在哪个方面都焕然一新，这种新的面貌使得很多人发出这样的感叹："欧洲正在美国化。"他们发出此言时，并没有把这个现象太当回事；他们觉得这不过是生活习俗的小小变化而已，只是一种时尚；他们为外在的相似所迷惑，把这种现象出现的原因说成是美国对欧洲的什么影响。在我看来，这样做就把问题简单化了，事实上这个问题要比他们想的更微妙、更令人惊奇、更为意味深远。

　　现在，我受到献殷勤心理的引诱，想告诉大洋彼岸的人们，欧洲实质上已经美国化了，而这是因为美国对欧洲的影响。但我不能这么做；求真理之心与献殷勤之心发生了冲突，获胜的还应是前者。欧洲并没有美国化。欧洲还没有受到来自美国的比较大的影响。要说互相有什么影响的话，最多也是直到现在才开始的；但在最近的过去，影响还没有发生，而我们的现在就直接源于最近的过去。现如今有一堆令人绝望的错误观点，蒙蔽了我们和他们、欧洲人和美国人的视野。在欧洲，大众的胜利以及随之而来的生活水平的美妙上升,是出于内在的原因,在此之先,是持续两百年的面向多数人的进步主义教育,以及与之同时发生的社会经济财富的增加。这个过程的结果与美国社会生活最具决定性的特征恰好吻合。既然欧洲中人的心理状况与美国人相等同了,欧洲人才终于理解了美国人的生活,而在此之前,他们视之为难解之谜。因此,并不是美国对欧洲产生了多大的影响,这么说是有点奇怪的,说美国影响欧洲,就等于说欧洲是在倒退。事实是:欧洲和美国达到了平齐的高度。这一点还很少有人想到。在以往,欧洲人总是模模糊糊地觉得,美国的平均生活水平要高于自己所在的旧大陆。这种感觉自然是缺乏分析的,但是眼见为实,由此派生出"美国是人类的未来"的观念,这种观念总是被人们不加怀疑地接受。大家都知道,如此普遍并且深入人心的观念不会凭空而起,就像有人说兰花是在空气中生长的无根之花。不是的。这个观念的依据是,欧洲人隐隐约约地看到,大洋彼岸的平均生活水平要比这里更高,与之形成反差的是,美国最上层的精英和欧洲精英比起来,水平却要更低。但是,正如农田耕作总是从谷地而非高峰获得养料,给历史以给养的不是社会最拔尖的那批人,而是社会的平均高度。

我们生活在一个齐平的时代。人们的财富平齐了,不同社会阶级间的文化水准一样了,性别之间的差异被抹平了。好,现在不同的大陆也达到平齐的高度了。既然欧洲人在生活水平上原本是更低的,那么在这次趋平的运动中,欧洲人赢了。因此,从这个方面来看,大众的反叛意味着生命力和可能性的大量增加；这和我们经常听到的所谓"欧洲的没落"的说法大相径庭。欧洲的没落，多么含混而粗鲁的一句话，也不知道具体指的是什么的没落，是欧洲的各个政体呢，还是欧洲文化，抑或是隐藏在所有这一切之下的、比所有这一切都重要得多的：欧洲的生命力。关于欧洲的政体和欧洲的文化，我们到后面再略微说两句——或许对于这两者来说，"欧洲的没落"还是说得通的——；但是，至于欧洲的生命力，应当指出，说它在没落，是一个荒谬的错误。也许换一种说法来表述，我的论断会显得更具说服力，或者说可信度更高；我想说的是，在生命力的活跃度上，今天一个意大利的中人、一个西班牙的中人和一个德国的中人与一个美国人或阿根廷人的差别，要比三十年前的差别更小。这一点，美国人是不应忽略的。

第三章　时代的高度

大众的统治，意味着历史水平的全面上升，说明今天的平均生活达到了比过去更高的高度，从这个意义上说，大众的统治呈现了积极的一面。这还让我们意识到，生活是可以有不同的高度的。当人们频频说起"时代的高度"时，往往不明其意。事实上，这句表述是有着极为丰富的含义的。我们最好能在这里细作探究，藉此看清我们这个时代最令人惊奇的特点之一。

人们常常说，比如，这样东西或那样东西与时代的高度不相称。事实上，纪年表上的抽象时间是完全平整的，只有生命的时间，也就是每一代人所说的"我们这个时代"，才是具备某种高度的，或是今天高于昨天，或是今天与昨天平齐，或是今天低于昨天。"没落"这个词所包含的跌落的意象，就是来源于这种对生命时间的直觉。同样地，每一个人或多或少都能清楚地感觉到他的人生与他所生活的时代高度之间的关系。有的人在今天的生活方式中感觉自己是一个遇上船难、无路可逃的溺水者。今天一切事物前进的节奏、速度，人们干起任何事情时表现出来的那种热情、活力，让那些性子还停留在过去的人感到烦恼，这种烦恼正表明了这些人脉搏跳动的高度与时代高度之间的落差。另一方面，那些对现时代的一切形式都乐于接受也充分享受的人，则能意识到我们时代的高度与过去不同时代的高度之间的关系。这是什么样的关系呢？

如果有人认为，每个时代的人总是感到过去的时代要比他所在的时代水平低，只因为它们是过去的时代，那么这样的想法是错误的。我们只需想想，豪尔赫·曼里克①是怎么认为的，

> 任何过去的时光
>
> 都是更好的。

不过，这也不是事实。并不是所有的年代都感觉自己低于某个过去的年代，也不是所有的年代都认为自己高于一切已逝的、成为记忆的年代。面对生命高度这一奇特现象，每一个历史年代都表达出各自不同的感受，令我诧异的是，思想家们和撰史者们从没有认真思考过这一如此明显又如此重要的事实。

豪尔赫·曼里克宣称的这一印象，无疑是最广泛的一种印象，至少大体上看是如此。对于大部分的时代来说，它们并不觉得自己比既往的其他时代要更高。更常见的情况是，人们设

---

① 豪尔赫·曼里克（Jorge Manrique，1440—1479），西班牙诗人，著有名诗《悼亡父》，文中所引的诗句就出自这部作品。

想在某个朦胧的往昔存在着更好的时光，那时候的生活更为充实："黄金时代"，我们这些受过教育的人以此来称呼古希腊古罗马；"阿彻林加"（Alcheringa）[①]，则是澳大利亚土著人的说法。这表明，这些人觉得他们自己生命的脉动或多或少是不完满的，衰颓的，无法给血管注满奔流的血液。正因如此，他们尊重过去，敬仰"古典"时代，那个时代的生活在他们看来要比他们所在时代的生活更为辽阔、更为丰富、更为完美也更为艰辛。当他们回转过头来，想象那些更为可贵的年代的时候，他们感觉自己无法把握这些年代，恰恰相反，他们觉得自己要低于那些年代，正如某个温度值，要是它有意识的话，会觉得自己身上不包含有更高一级的温度，没有像后者那么多的卡路里。从基督纪元开始150年过后，这种生命萎缩的感觉，这种一日不如一日、丧失活力和脉动的感觉，在古罗马帝国不断增长。贺拉斯已经发出这样的咏叹："我们的父辈／不如我们的祖父辈，／他们生下了更为堕落的我们，／我们的后辈会更为无能"。(Aetas parentum peior avis tulit / nos nequiores, mox daturos / progeniem vitiosiorem.《颂歌集》第三卷，6)

两个世纪过后，在整个帝国境内就没有足够多的能力尚可的本地人来填补百夫长的空位了，于是不得不招募达尔马提亚人[②]来担任这一职务，再后来，招来的是多瑙河、莱茵河流域的野蛮人。与此同时，妇女们渐渐失去了生育能力，意大利人

[①] "阿彻林加"是澳大利亚原住民神话当中的原初神圣时代。
[②] 达尔马提亚，古地区名，位于亚得里亚海海滨，今属克罗地亚。达尔马提亚人曾臣服于罗马帝国。

口锐减。

现在，我们再来看看另一种类型的时代，在这种时代生活的感觉，似乎是和刚提到的那种时代截然相反的。这是一种非常奇怪的现象，我们得好好研究一下。也就在不超过三十年以前，政客们面对民众发表演说时，常常会宣布弃用这一种或那一种政策、杜绝这一种或那一种违规行为，说是这样的行为与这鼎盛的时代不相符。有趣的是，同样的说法也出现在图拉真写给普林尼的那封著名书信里，他在信中建议普林尼不要根据匿名密告去迫害基督徒："Nec nostril saeculi est."（这不符合我们这个时代的精神）在历史上，确实有那么些时代，感觉自己似乎是抵达了一个完满的、决定性的高度；在这样的时代，人们认为自己已经到达了旅途的终点，持续多年的努力已经圆满，希望完全实现。这就是"鼎盛时代"，历史生命的完全成熟。事实上，在三十年前，欧洲人就认为人类生活已经成为应该成为的样子了，这是多少代人一直在渴求的目标，接下来的人类生活将永远保持这个样子。完满的时代总是感觉自己是其他很多个预备时代的结果，是其他的未曾达到顶点的、低于自己的时代的结果，果实成熟的这一时刻，正是架在这些时代之上的。从鼎盛时代的高度往下看去，那些预备时代看起来就好像是只供人们辛勤努力、带着终未实现的幻想生活的时代；在那样的时代里，只有无法满足的欲望和热切的先驱者，只有"尚未"，以及明确的理想和与之不相符的现实之间的令人痛苦的反差。在19世纪看来，中世纪就是这个样子的。终于有一天，这古老的、有时候可以说是千年的欲求，似乎是得到满足了：现实接纳了它，也服从了它。我们终于抵达了曾经隐约眺望到的高度，到达了预先设置的目标，站到了时代之巅！"终于"将"尚未"取而代之。

这就是我们的父辈和他们的时代对自身生活的感觉。不要忘了：我们这个时代是接着一个鼎盛时代之后而来的。由此，不可避免的是，一个人若是仍然紧紧地依附于彼岸，依附于那个全盛的过去时代，并且以那个时代的眼光来看一切，那么他一定会有一种痛苦的幻觉，觉得当今的时代是掉落巅峰了，是没落的了。

但是，一个常年以研究历史为爱好的人，一个善于为时代把脉的人，是不会被那些所谓鼎盛时代的目光所迷惑的。

根据我之前的说法，要有"鼎盛时代"的出现，关键在于，一个古老的欲望，在焦灼与癫狂中拖行了千百年，终有一天得到了满足。事实上，这些鼎盛时代正是自我满足的时代，有时候甚至是超级自我满足的时代*，比如19世纪。但是，现在我们发现，这些如此自满、如此成功的时代，已经在内里失去生命了。**生命的真正鼎盛，不在于愿望的满足，不在于获得什么，不在于最终抵达**。塞万提斯说过，"旅途总是胜过客栈"。一个时代要是满足了它的欲望，实现了它的理想，那就

---

* 在哈德良时代发行的钱币的图案上，能读到这些：Italia Felix（幸福意大利），Saeculum aureum（黄金时代），Tellus stabilita（天下太平），Temporum felicitas（幸福时光）。除了科恩的古钱币收藏目录外，还可参见罗斯托夫泽夫《罗马帝国社会与经济史》一书中印有的几个钱币图案（1926年，插图第52版及第588页注6）。

不再有所求了，欲求的泉水由此干涸了。也就是说，这大名鼎鼎的"鼎盛"，事实上意味着终结。有的年代就是因为不知道更新自己的欲望而死于满足的，正如幸运的雄蜂会在婚飞之后一命呜呼*。

因此，令人惊异的事实是，这些所谓鼎盛的时代，总是在自己的内心最深处感受到一种很特别的忧伤。

那缓慢孕育的欲望，在19世纪似乎终得实现的欲望，总括起来说，正是那个自称为"现代文化"的东西。这个名字本身就是令人不安的：一个时代居然称自己是"现代"的！也就是说，是最终的、决定性的，在它面前所有其他的时代都是纯粹的过去式，都不过是为它而做的准备、对它的渴望而已，都是力道不足、错失目标的箭矢！**

至此，还不能看到我们这个时代与那个刚刚过去的时代之间的深刻差别吗？我们这个时代，实际上还没感到自己是被定性了的；相反，它在它自己的根基处隐约凭直觉感到，那决定性的、牢固不破的、凝结为晶体从而保持永恒的时代是不存在

---

* 关于自我满足的时代，黑格尔在他的《历史哲学》中有精彩的论述，参见《西方杂志》第1卷，第41页起头，何塞·加奥斯译。

** 最近的时代老喜欢用"现代"（moderno）、"现代性"（modernidad）来给自己命名，它们的原意很准确地揭示了我在本章中分析的"时代高度"的感觉。所谓"现代"，就是合乎"方式"（modo）；就是新方式、改变（modificación）或者时尚（moda），时尚是此时此刻出现，与过去时间中的老方式、传统方式相对的。"现代"一词表达的是对于一种高于旧生活的新生活的意识，同时也表达了一种站到时代高度上的律令。对于"现代"来说，非现代就等同于掉落到历史水平之下。

的，而让一种生活类型——所谓"现代文化"——确定下来的意图，在我们看来，意味着头脑发昏，意味着视野受限，是不切实际的。只要这么想，我们就能愉快地感到自己躲过了一块狭窄的、封闭的区域，逃过了一劫，再一次置身于真实世界的星空之下，这世界是幽深的、可怕的、不可预知的也是不会穷尽的，在这里，一切的一切都是有可能的：最好的和最坏的都有可能发生。

对现代文化的信仰是可悲的：这意味着知道明天在本质上还是和今天没有差别，进步不过是永远在一条和已经在我们脚下铺展开的道路一模一样的道路上前行。一条这样的道路，不妨说是一个监狱，它永远延伸，无穷无尽，让我们不得解脱。

在罗马帝国建立之初，一个有文化的外省人——比如卢坎，或者塞内卡[1]——来到罗马，看到气势恢宏的帝国建筑——它们是一个功成名就的权力的象征，会感到心头一紧。因为在这个世界上不会发生什么新奇事了。罗马是永恒的了。如果说存在着一种废墟之恸，这种悲伤从废墟中升腾而起，就像从死水中升起的水汽一般，那么心思敏感的外省人在罗马感受到的，是一种同样浓郁的悲恸，尽管是反面意义上的：永恒楼宇之恸。

与这种心绪相比，显而易见，我们这个时代的感觉不更像是旷课逃学的孩童感受到的喜悦和欢欣吗？现在我们不知道明

---

[1] 卢坎（Lucano，39—65）和塞内卡（Séneca，公元前4—公元65）都是古罗马时代出生在西班牙的文化名人，前者为诗人，后者为哲学家。

天在这个世界上会发生什么了，而这让我们暗自窃喜；因为正是无法预料，正是成为一个永远向所有可能性开放的境界，才是真正的人生，才是真正的生命巅峰。

对现今时代做出的这一诊断，我还只说了一半，它和今天那么多人在书页中带着哭腔发出的"没落"的哀怨形成了巨大反差。这种哀怨是一个视觉上的差错，其原因有多种，我们改日具体说一说，今天我先说最显而易见的：原因之一是，这些人追随一种在我看来已经衰颓了的思想，他们看历史，只看政治或者文化，并没有意识到这些只是历史的表象；而历史的真实要比这些更早发生，也更为深刻，历史的真实就是为了生活而做出的纯粹的努力，是一种动能，近似于宇宙力量。当然，两者并不等同，这种动能不是自然的，但它和掀起怒涛巨浪、让野兽繁衍多产、在树上点缀繁花、令星辰颤抖不已的伟力是极相近的。

针对一些人对现今时代所做的"没落"的诊断，我的论证如下：

所谓没落，当然是一个比较的概念。没落就是从一个相对高级的状态下跌到一个相对低级的状态。但是，这种比较能在可以想象到的各种不同视角上展开。对于一个琥珀烟嘴的生产商来说，这个世界正在走向没落，因为现在几乎已经没有人用琥珀烟嘴抽烟了。其他的视角或许要比这一视角更值得尊重，但无论如何，它们同样是片面的、武断的、外在于生活本身，而我们要鉴定的正是生活的克拉值。只有一种视角是合理的、自然的：置身于生活之中，在人生的内部观照人生，看它是否感觉自己是在走下坡路，也就是说，是不是在衰退、变弱、失去活力。

可是，即使是从生活的内部看人生，怎样才能知道它是否感觉自己在走下坡路呢？对于我来说，这样的表现无疑是决定性的：一个不羡慕任何一个既往时代生活的生活，一个只喜欢自身的生活，是不能在任何严格意义上被冠以"没落"之名的。我的关于时代高度问题的思维之旅正落脚于此处。到头来我们发现，正是我们这个时代拥有这样的一种如此奇妙的感觉；据我所知，在人类已知的历史上，这种感觉还从未出现过。

在上世纪的沙龙上，常常会有这样一个时刻，女士们和她们的乖巧诗人们互相问对方这个问题：您希望自己生活在哪个时代？就这样，每个人把自己生活的形象扛在肩上，尽情在历史的旅途中展开想象的漫游，寻找一个能完美容纳自己人生的时代。事实上，尽管19世纪感觉自己处于鼎盛，或者说正是因为感觉自己处于巅峰，它仍是与过去紧密相连的，它感觉自己站在过去的肩膀上；它把自己看成是历史的完满实现。因此，它仍然相信那些相对古典的时代——伯里克利的时代，或者文艺复兴——在这些时代，今天流行的价值已经在酝酿之中。仅凭这一点，我们就足以对所谓的鼎盛时代产生怀疑；这些时代是背过身往后看的，注目的是过去，过去是在这些时代才得以最终完满。

那么，要是任何一个可以代表今天这个时代的人被问起上述那个问题,他会如何真诚地作答呢?我认为,这一点是肯定的:任何一个过去的时代,无一例外,都会让今天的人感觉是一个在其中无法呼吸的逼仄区间。也就是说,今天的人感觉到他的生活要比既往的所有生活都具有更多的生活,或者反过来说,一切的过去在今天的人类看来都显得狭小局促了。对今天我们生活的这种直觉感知是如此清楚明了,足以消除一切不谨慎的关于"没落"的冥思玄想。

我们的生活一下子感觉自己比所有其他生活都更为规模庞大。怎么会感觉是在没落呢?正相反:真实的情况是,因为感觉到自己是更丰富的生活,于是失去了对过去的所有尊重、所有关注。于是,我们发现自己第一次置身于一个忽视一切古典主义的时代,这个时代不把任何一种过去视为典范或者规则,并且,在历史不间断地演化了这么多世纪之后,它突然出现,仿佛是一个开始、一个拂晓、一个起点、一个幼年。我们往后看,发现著名的文艺复兴成了一个极为狭隘的时代,这样的时代不够大气,充满空洞的表现——不妨说,是一个**矫揉造作**的时代。

我曾经这样总结过当今的状况:"过去与现在的严重脱节,是我们这个时代的普遍现象,这其中也包含着些许暧昧不明的怀疑,造成了近年来人们生活中特有的不安感。我们一下子感觉到,作为现时代的人,我们孤独地留在大地上了;我们感觉到,逝去的人不是死着玩的,而是真的完全逝去了,不能再帮助我们了。传统精神的残余已经烟消云散了。典范、规矩、守则,对我们已经不起作用了。我们得自己解决自己的问题，不再有过去的积极相助了，我们完全活在当下——不管是在艺术、科学还是在政治领域都是如此。欧洲人变得形单影只，没有可以暂时活过来片刻的死者在近旁了；就像失去了自己影子的彼得·施莱米尔①。这是每当中午才会发生的现象。*"

那么，总地来说，如何描述我们这个时代的高度呢？

它不是鼎盛时代，但与此同时，它感觉自己高于以往所有的时代，也高于所有已知的鼎盛时代。要描述出我们这个时代对自身形成的印象，并不容易：它认为自己比其他时代更为丰富，同时，它感觉自己是一个开始，但也不敢肯定自己不是末日。该怎么说呢？或许可以这么说：高于其他时代，又低于自身。极为强大，又对自己的命运没有把握。对自己的力量颇为得意，同时也畏惧自己的力量。

---

① 彼得·施莱米尔（Peter Schlemihls）是德国作家阿德尔贝特·冯·沙米索的小说《彼得·施莱米尔的神奇故事》中的主人公。
* 见《艺术的去人性化》（全集第3卷，第916页）。

第四章　生活的增长

　　大众的统治、历史水平的上升，以及后者所宣示的时代高度，都只不过是在表露一个更为普遍、更为广泛的事实。这一事实是显而易见的，乍看上去几乎是怪诞的、令人难以置信的。那就是，这个世界忽然增长壮大了，随着世界的增长壮大，这个世界上的人的生活也增长壮大了，就这么简单。生活一下子世界化了；我的意思是，"中人"的人生内容，如今是整个世界了；每一个人都在其生命中体验着全世界。差不多一年前，塞维利亚人在他们当地最受欢迎的报纸上时刻关注着一群人在极地的历险，仿佛在安达卢西亚①的灼热土地上有大片的浮冰在漂动。每一块土地都不再被限制在其既定的几何坐标上了，而是出于许多人的生活需要，在地球的其他地方发挥作用了。事物在哪里发挥作用，就在哪里存在，根据这一物理学定律，今天我们可以认为地球的任何一个地点都具有事实上无处不在的性质。原来远在天边的，如今近在眼前；本应不在场的，现在成了在场的，于是，每一个生命的境界都大大地拓展了。

---

① 安达卢西亚是西班牙南方地区名，塞维利亚城是安达卢西亚的历史文化中心。

这个世界在时间维度上也大为增长了。史前史研究和考古学已经发现了长度惊人的历史区间。完整的文明、在不久之前还无人知其名的帝国，如今已经被整合进我们的记忆中，成了新的大陆。带插图的报纸和银幕把这个世界的所有最遥远的部分也带到了常人的眼前。

但是，世界的这种空间-时间增长本身并不意味着什么。物理空间和物理时间是宇宙之绝对荒谬的体现。因此，今天许多人开始对纯粹速度顶礼膜拜，这种崇拜要比一般认为的更为合理。速度是由空间加时间得来的，它的荒谬程度并不比空间和时间更低；但是，它有消除这二者之用。要克服一种荒谬，得借助另一种荒谬。在以往，战胜宇宙空间和宇宙时间对于人类来说是一个荣誉问题[*]；现在，它们已经完全没有意义了。我们让纯粹速度开动起来，靠着速度灭掉空间、抹掉时间，我们的心中由此迸发出一种孩童式的兴奋，这没有什么好奇怪的。在消除空间和时间的同时，我们也给它们注入生命力，让它们为生命服务，由是，我们相对从前可以**置身**于更多的地方，享受更多的来回往返之旅，以更少的生命时间享用更多的宇宙时间。

但是，从根本上说，世界的实质增长并不在于它的范围的扩大，而是在于它包含了更多的物。每一个物——从这个词的最广泛的意义上讲——都是可以被想望、被企图、被制造、被

---

[*] 正因为人的生命时间是有限的，正因为人是终有一死的，所以人需要战胜距离和延宕。上帝的存在是没有终点的，所以对于上帝来说，汽车是没有意义的。

拆卸、被找到、被享受或者被排斥的；它们的名称都意味着生命活动。

拿我们的活动中的任意一种来说吧，比如说，购物。我们想象一下，有两个人，一个是现在的人，另一个是18世纪的人，他们各自拥有的财富，用各自时代的货币价值来折算，是均等的，然后我们比较一下他们各自可以买到的物。差别是令人惊叹的。对于今天的购物者来说，向他开放的可能性的数量几乎是无穷无尽的。很难说市场上有什么东西是他的欲望想象不到的，反过来说也一样：他的欲望无法想象到市面上出售的所有货物。可能会有人反对我说，因为这个今天的人和那个18世纪的人拥有的财富是相对等值的，前者并不能比后者买到更多的物。事实并非如此。今天确实可以买到更多的东西，因为工业生产已经让几乎所有的商品都更为便宜了。不过，如果事实真的如此，也不要紧，这只会让我想表达的观点更为有力。

购物活动是以下定决心购买一个东西而告终的；正因为此，购物活动在此之前是一个选择，而选择始自于发现市场提供的可能性。因此，生活的"购物"形态，首先在于体验购买各种物的可能性。当我们谈起我们的生活时，往往会忘掉这一点，而这一点在我看来是至关重要的：我们的生活，无论在哪一个时刻，首先是一种意识，意识到于我们来说有可能的东西。如果在每一个时刻，我们眼前拥有的仅仅不过是一种可能性而已，那么"可能性"这个名字就没什么意义了，那就不如称它为"必然性"好了。可是，我们的生活,这一极为奇妙的事实,有一种根本的属性,那就是总能在眼前找到数条出路,正因为是数条出路,它们就具有了可能性的性质,我们必须在诸种可能性当中做出抉择*。我们生活着,这句话的意义等同于这么说:我们身处在一个有着各种既定的可能性的环境里。这个环境,我们通常称之为"境遇"(circunstancias)。一切生命,都是置身于"境遇"或者世界之中**。因为这就是"世界"这个概念的原意。世界就是我们的生命可能性的集合。世界不是孤立于外在于我们的生活的,而是我们生活的真正的外围。它代表了我们可以成为的东西,我们的生命的潜在可能性。这种潜在可能性必须去芜存菁,才能得到实现,或者换个说法,我们最终只能成为我们可以成为的那个自己的极微小的一部分。正因为此,我们觉得世界是多么广大辽阔,而我们置身其中,是多么渺小卑微。世界,或者说我们可能的生活,总是大于我们的命运或者说实际生活。

不过,我现在要强调的只是人类生活在潜在可能性的维度上增长到了什么程度。现在,人类生活拥有的可能性区间要比以往任何时候都更为广大。在智识方面,他发现了更多的提出

---

* 若是最坏的情况,世界看起来只剩下一条出路了,那么还有两种选择:选择这唯一的出路,或是弃绝这个世界。而对这个世界的离弃也是这个世界的一部分,正如一个房间的门也是房间的一部分。

** 我的第一本书《堂吉诃德沉思录》(1914年)的前言中就是这么说的。在《亚特兰蒂斯》中,我没有用"境遇",而是用"境界"(horizonte)。见散文《国家的体育根源》,1926年,收入《观者》第7卷(《全集》第2卷)。

新概念的路径、更多的问题、更多的材料、更多的学科、更多的视角。原始人的职业或者说事业用手指头就能数得过来——牧人、猎人、武士、巫师，而今天的可能的谋生方式要多得多。在娱乐方面，情况也是类似的——这一现象要比人们一般认为的更为重要——尽管这方面可供选择的名目不似生活其他方面那般花样繁多，但是，对于居住在大城市里过着中等水平生活的人来说——大城市正是当今时代生活的象征——享乐的可能性已经在今天奇迹般地大为增加了。

　　而生命的潜在可能性的增长并不只限于我们已经说到的这些。它的增长也体现在一个更为直观、更为神秘的层面。今天很常见也很明显的一个事实是，在身体、运动方面，人们努力完成的精彩**表演**已经大大超越了以往所知的所有表现。仅仅对每一项表演表示一番景仰、确认一下它打破了**纪录**是不够的，我们应当注意到，纪录被打破之频繁，是在人们的精神上留下强烈印记的。我们应当坚信，在我们这个时代，人的机体拥有了比以往任何时代都更为卓越的能力。在科学方面，也发生了类似的情况。在仅仅十年的时间里，科学已经将它的境界拓展到令人难以置信的程度。爱因斯坦的物理学在极为广阔的空间中游走，以至于牛顿的古典物理学只能在其中占据一个阁楼的位置*。这种扩张式的增长来自于科学精确性方面的集中式增长。爱因斯坦的物理学之所以

---

*　牛顿的世界是无限的；但是，这种无限性并不是规模的无限性，而是一种空洞的泛化，一种抽象的、无内容的乌托邦。爱因斯坦的世界是有限的，但它的每一部分都是充实的、具体的，因而爱因斯坦的世界是一个拥有更丰富的物的世界，其规模比牛顿的世界更大。

能成立，是因为它关注之前被人们所忽视、因为看上去不重要从而没有被考虑到的一些极细微的差别。在过去，原子是这个世界的边界，到了今天，原子已经大为膨胀，甚至成为了一个星系。在谈论这些时，我说的不是这一切意味着文化已经达到如何完美的境地——我暂且没有兴趣说这些——而是所有这些事实所意味着的人的潜在可能性的增长。我不是想强调爱因斯坦的物理学比牛顿的更精确，我想说的是，爱因斯坦这个人，比起牛顿这个人来，有能力达到更高的精确度，享有更多的精神自由*；正如今天的拳击冠军出拳的力道要比过去的所有拳师都大得多。

  电影和画报把地球上最遥远的地方的景象展现在中人的眼前，报纸和聊天让中人了解到知识界**表演**的最新动态，而橱窗中展示的新近发明出来的技术装置则进一步确认了这些事实。所有这些都在中人脑中留下了深刻印象，让他感觉到这个时代的强大和伟力。

  我说这些，意思并不是今天的人类生活要比以往更好。我说的不是现在生活的质量，而是生活的增长，它在数量上或是潜在可能性方面的进步。我想，我已经藉此准确地描述了今天的人的意识，他的生命力的活跃度，那就是觉得自己比过去任何时候都具有更多的潜在可能，过去的一切在他看来都显得渺

---

* 精神自由，也就是说，知解力的潜在可能性，有一个衡量标准，那就是将传统上不可分割的概念分解开来的能力。把两个概念拆解开来，要比把两个概念联系起来更费劲，科勒在他对黑猩猩智力的研究中证明了这一点。人类的理解能力，从来不曾像今天这样善于分解。

小了。

我做这样一番描述是有必要的，为的是祛除关于没落、特别是关于西方的没落的怪谈玄想，最近十年来这样的论调特别流行。还记得我之前的论证吧，在我看来，我的论证是简单明了的。如果不能确定究竟是什么在没落，那么谈论没落是没有意义的。这个悲观主义的词指的是文化吗？欧洲文化在没落？还是说只是欧洲的民族国家组织在没落？我们姑且承认都是吧。凭这些就能说，西方在没落了？绝不能。因为这些没落只是部分的衰减，文化和民族国家只是历史的次要因素。绝对的没落只有一种：生命力的衰退，而且只有当人们感觉到生命力的衰退时，这种没落才是真正在发生。正因如此，我才着力于思考一个常常被忽略的现象：每一个时代对自己的生命高度的意识或感受。

因此我们说，有一些世纪会在另一些世纪面前感到自己是"鼎盛"的，后者则相反，会认为自己是从某个高位上、从古老辉煌的黄金时代跌落的。由此我总结说，我们应当注意一个极为明显的事实，那就是作为我们这个时代的特点的，是一种奇妙的自负：感觉自己比以往任何时代都更强，不仅如此，我们这个时代不关心一切既往，不承认古典的、可作为典范的时代，它自视为一种高于所有古老时代的、无法退回到过去的新的生活。

我认为，如果不坚信这种看法，就很难理解我们这个时代。因为这正是它的问题所在。如果它感觉自己是衰落的，它就会把其他时代看成是高于它的，就会对那些时代大加赞赏、心怀敬仰，对构成那些时代的原则顶礼膜拜，由此，我们这个时代就有了明确的、坚实的理想，哪怕它没有能力去实现这些理想。但现实正相反：我们生活的这个时代感觉自己有极为强大的能力去实现理想，却不知道该实现什么理想。它掌握了一切，却不是自己的主人。它迷失在自己的丰饶之中。这个世界拥有了比以往任何时候都更多的资源、更多的知识、更多的技术，到头来却落入了古往今来最为不幸的境地：完全放任自流。

因此，在今天这个时代的人的灵魂中，强大感和不安全感奇怪地并存一处。这就像人们对路易十五年幼时的摄政者所作的评价：他拥有一切才能，唯独缺乏运用这些才能的才能。在坚定地信仰进步主义的19世纪，很多东西看起来还是不可能的。到了今天，我们清楚地感觉到一切皆有可能，也预感到最坏的事情亦有可能：倒退、野蛮、没落[*]。这件事情，单单从它本身来看，不算是坏的征兆：这意味着我们将再一次体验不安的感觉，而不安感是一切生命的本质；我们将再一次体验不稳定——如果我们学会体验生命中的每一分钟，直达它的中心、它那跳动着的、鲜血喷涌的小小心脏，我们就会知道，不稳定感是内藏在这每一分钟里的，这种感觉既是痛苦的，也是愉快的。我们在平常总是竭力避免感受到这种令人惊惧的脉动，它让每一个真实的瞬间都变成了激荡片刻的小小心脏；我

---

[*] 为什么会有人对我们这个时代做出"没落"的判断，其最根本的原因就在于此。不是我们没落了，而是我们准备好接受一切可能，在诸种可能中，我们不排除没落的可能。

们努力获得安全感，让自己在自身命运根本的戏剧性面前保持麻木，给它加上习惯、习俗、套话——一切形式的麻醉剂。现在，大约三百年来是头一次，我们吃惊地发现自己不知道明天会发生什么了，这对我们来说是有益的。

一个人只要怀着严肃的态度对待生命，让自己对之担负起完全的责任，就一定会感受到某种程度的不安，这种不安促使他保持警觉。古罗马军团的条例中有一个哨兵必须执行的规定动作，就是把食指放在唇间，以此避免瞌睡、保持注意力集中。这个姿势不错，仿佛是要以一种更大的静默来盖过黑夜的静默，这样才能听到未来之事的隐秘萌发。鼎盛时代的安全感——上一个世纪就是如此——是一种视觉幻想，导致人们不为未来操心，让宇宙的机械运动来担负引领时代的责任。进步自由主义和马克思的社会主义一样地认为，它们企盼的光明未来必定会实现，这个趋势是不可动摇的，这种必然性类似于宇宙规律。进步主义者的意识在这样的思想的保护下放开了历史之舵，不再保持警惕，失去了灵敏性和效率。就这样，生命从他们的手中溜走了，变得桀骜不驯了，如今更是放荡不羁，没有明确的方向。进步主义者戴着未来主义的美好面具，不为未来操心；他坚信未来既没有惊喜也没有秘密，既不会有意外发生也不会出现根本性的革新，他认定世界将沿着直线前行，不会走偏也不会倒退，他放弃了对于未来的不安感，安身于一个确定的现在之中。今天的世界看上去已经没有了计划，没有了预见，没有了理想，这毫不奇怪，因为不曾有人为预防这样的局面的出现操过心，作为领导者的少数人做了逃兵。精英的逃离与大众的反叛，是一枚钱币的两面。

现在，我们该回到大众的反叛这个话题上来了。刚才我们说了大众的胜利的有益一面，现在该说说它的更为凶险的另一面了。

第五章　一组统计数据

本书试图看清我们今天的生活，对我们这个时代做出诊断。本书的第一部分至此已经阐明了，可以总结如下：我们的生活，作为诸多可能性的集合，非常美好，非常丰盛，高于历史上已知的所有生活。可是，也正因为其体量之大，它溢出了传统所传承的所有河道、原则、规范和理想。它比以往的所有生活都更为丰富，也因此更成问题。它无法依靠过去来找准方向*。它必须创设自己的命运。

现在我们得把这个诊断阐述完整。生活，首先意味着我们可以成为什么，意味着可能性，同时，生活也意味着在诸种可能性当中做出抉择，决定我们真正要成为什么样的人。境遇与决定，是构成人生的两个根本要素。境遇——诸种可能性——是我们的生活中被给与、被强加的那部分，它构成了我们所称的"世界"。生活不能选择它自己的世界，因此，生活就是置身于一个既定的、不可置换的世界之中：于此时在此地。我们的世界就是构成我们生活的命运维度。但是，

---

*　不过，我们将会发现，虽然我们不能从过去得到正面的指导，却可以从过去得到一些反面的教训。过去固然不能告诉我们应当做什么，但能告诉我们应当避免什么。

人生命运不同于力学定律，我们并不是像步枪子弹那样被射入生命之中、遵循着完全预先设定好的轨道运行的。当我们降生在这个世界上时——永远是**这个**世界，现在的这个世界——我们也降生在命运之中，命运的性质是与步枪子弹截然相反的。命运不会给我们强加一个轨道，而是给我们好几条轨道，并且逼迫我们去做出选择。人生的这种属性是多么奇妙啊！生活，就是感受到自己**命定般的**被迫去实践自由，去决定我们在这个世界上成为什么样的人。我们不断地做出决定，一刻也不被允许停歇。哪怕是在我们陷入绝望、放弃努力、听天由命的时候，我们也是在做决定——决定不做决定。

因此，要说"境遇决定人生"，一定是错的。正相反：境遇是进退两难的困境，不断地变换出新的面貌，我们必须一次次地直面境遇去做决定。但是，真正在做决定的，是我们的性格。

这个道理对于群体生活同样适用。在群体生活中，也是首先存在着一系列的可能性，接下来，就必须做出决断，选择并决定群体生活的有效形式。这个决断来自于社会的性格，或者同样可以说，来自于社会的主导者的类型。在我们这个时代，居于主导地位的是大众人，是这样的人在做决定。不要认为这样的情况在民主时代、在全民投票的时代就有过了。在全民投票中，大众并不做决定，其功能只是附和这个或那个少数派的决定而已。少数派介绍他们的"纲领"（programa）——特别好的一个词。这些纲领实际上就是群体生活的纲领。在这些纲领中，大众被邀接受一个已经成为决定的计划。

今天发生的情况很不一样。如果我们观察一下，在那些大众的胜利走得最远的国家——也就是地中海国家，公共生活是什么样子的话，就会吃惊地发现，在这些国家，如今的政治生活是过一天算一天。这一现象实在是太奇怪了。公共权力被掌握在一个大众代表的手中。大众如此强大，消灭了所有可能的反对派。大众以如此不容争辩的方式，高高在上地做了公共权力的主人，在历史上还很难找到如此强势的政府组织形式。然而，这样的公共权力、这样的政府是过一天算一天的；它不表现为一个明确的未来，不发出一个关于未来的明白清楚的预告，不呈现为某种其发展或演进可预想的进程的开始。总之，它的生活没有生活纲领，没有计划。它不知道往何处去，因为事实上它不在行进，没有预先设定好的路线，没有提前准备好的轨道。当这样的公共权力试图给自己正名的时候，它丝毫不提未来，反而把自己囚禁在现时之中，极为坦诚地说："我是一个非常规的政治组织方式，是形势逼迫我如此的。"也就是说，它是由现时的紧急情况所促成的，而不是基于对未来的估算。因此，它的行动仅限于躲避每时每刻的问题；它不致力于解决问题，而是动用一切可以动用的手段暂时地逃避问题，哪怕因为动用了这些手段从而为下一时刻积累了更多的问题，也在所不惜。在历史上，每当大众直接行使公共权力，公共权力就总是如此：无所不能又短暂易逝。大众人是这样的人，他的生活缺乏计划，随波逐流。因此，即使他拥有大量的机会、巨大的权力，他也不会成什么事。

可是在我们今天这个时代，就是这种类型的人在做决定。现在我们就来分析一下这种人的性格。

要找到这一分析的最终答案，我们就要回到本书开头提出的那个问题："这些将历史舞台挤满、满得溢出的密集人群，都是从哪儿冒出来的？"

数年之前，伟大的经济学家维尔纳·桑巴特发现了一个极为简单的事实，奇怪的是，这一事实没有给任何一个关心当代问题的有识之士留下印象。这一极为简单的事实单凭自身就足以澄清我们对欧洲现状的看法，至少也可以启发我们。这一事实就是：欧洲历史从6世纪开始直到1800年，也就是说，在这漫长的十二个世纪中，欧洲人口从没有超过一亿八千万的水平。接下来，从1800年到1914年，也就是说，在仅仅约一个世纪的时间里，欧洲人口从一亿八千万跃升至四亿六千万！我想，这两个数字之间的巨大差距，不会让人对上个世纪的生育繁殖能力有丝毫怀疑。仅仅经历了三代，就生产出了这么多的人口，他们如洪流般泻入历史区域，将它淹没了。我再重复一遍，这一事实足以让我们理解大众的胜利，以及大众的胜利所反映、所预示的一切。另一方面，这一事实可以作为最具体的佐证，加入到我之前关于生活的增长的论证中。

但与此同时，这一事实也告诉我们，我们在提起像美国这样的新兴国家的快速增长时所发出的赞叹，是没有根据的。美国的增长令我们啧啧称奇，一个世纪的时间就达到了一亿人，而真正令人啧啧称奇的是欧洲人的繁殖速度。纠正关于欧洲美国化的虚假观念，我们又多了一条理由。看上去最能标志美国特点的那条特征——人口增长速度——现在看来也不算有多特别。在上个世纪，欧洲的增长要远大于美国。成就了美国的，是欧洲溢出来的部分。

尽管维尔纳·桑巴特估算出来的数据没有得到应有的重视，不用说，欧洲人口极为可观的增长是说不清道不明却又太过明显的事实。我真正感兴趣的不是体现在数据中的人口增长，而是数据之间的对比所凸显的增长之疾速。我们应当注意的，就是这令人眩晕的速度。这种疾速意味着，一堆又一堆的人被以如此紧凑的节奏投入到历史之中，要让他们所有人都充分吸收传统文化，不是很容易的事了。

事实上，今天欧洲的一个普通人所拥有的心灵，要比上个世纪的人更为健康、更为强大，但也更为简单许多。因此，有时候他会显得像是一个突然从古老文明中冒出来的原始人。上个世纪的欧洲是颇以学校为荣的，可如今学校只教给大众现代生活的技能，不能让他们受到真正的教育。他们在学校里获得的是用以紧张生活的工具，而不是对重大历史责任的感知；他们被急匆匆地灌输现代技术手段的骄傲与伟力，却没有被注入精神。因此，他们对精神毫无所求。新的一代做好准备接管这个世界，仿佛这个世界是一个天堂，既没有过去的痕迹，也没有传统的、复杂的问题。

无论如何，上个世纪将大量的人群投放在历史的地面上，这是它的荣耀，也是它的责任。同时，这一事实也为公正地评价这一世纪提供了最恰当的视角。既然在这一世纪的气候中产生了人类果实的大丰收，它一定含有某种异乎寻常的、无可比拟的东西。如果不由分说就援引曾经启发了其他任何一个历史时代的原则，而不在事先对这一神奇的事实加以理解、努力消化，那么这必然是轻率荒诞之举。整个的历史就像一个巨型实验室，在其中进行的各种能想象得到的实验，都是为了得到一个可以有益于"人"这棵独苗的公共生活配方。在否定了各种歪理假说之后，我们发现了这样一条经验：把人这个种子用"自由式民主"和"技术"这两个原则来加以培养，仅在一个世纪的时间里，欧洲人的数量就达到了原来的三倍。

只要我们保持头脑清醒，这个人类果实大丰收的事实就能推动我们得出以下的结论：第一，建立在技术发明基础之上的自由式民主是迄今为止人类所知道的最高级的公共生活形式；第二，这种生活形式并不是能想象得到的最好的，但我们能想象得到的最好的形式必然保留这两条法则的精髓；第三，退回到低于19世纪的生活形式，无异于自杀。

一旦我们明确地认识到这些，而这种明确性也是这一事实本身的明确性所要求的，那么我们就必须对19世纪做出裁断了。如果说它的确含有某种异乎寻常的、无可比拟的东西，同样确凿无疑的是，它也沾染上了一些根深蒂固的恶习，具有一些结构性的缺陷，因为它造就了一类人——反叛的大众人——这些人使得那些给与他们生命的原则岌岌可危。如果这类人继续统领欧洲，如果由这类人来行使最终决定权，那么只消三十年时间，我们这块大陆就会退回到野蛮状态。法律手段、物质技术将像绝密工艺的失传那样在转眼间灰飞烟灭*。我们的全部生活将很快萎缩。今天如此丰富的可能性必将大为减损，由丰盛转为稀缺和无可奈何的无能，转为真正的没落。因为大众的反叛，正是拉特瑙①所说的"野蛮人的垂直入侵"。

因此，对大众人做一番深入了解是极为重要的，这类人有着巨大的潜能，既可以成全最伟大的功业，也可以造成最深重的灾难。

---

* 赫尔曼·外尔是当今世界最伟大的物理学家之一，是爱因斯坦的同事和继承者。他常在私下谈话里说，如果有十到十二个特定的人突然死去，那么几乎可以肯定的是，高度发达的当代物理学将彻底从人类历史上消失。今天物理学理论的抽象和复杂程度，是人类头脑花了几百年时间才适应的。任何一个偶然事件都可以将如此神奇的人类可能性连根铲除，而这种可能性正是未来技术的基石。

① 瓦尔特·拉特瑙（Walther Rathenau, 1867—1922），德国犹太裔政治家，曾任魏玛共和国外交部长。

第六章　大众人的初步剖析

今天统领着公共生活——包括政治生活和非政治生活——的大众人,究竟是什么样子的?为什么他会是现在这副样子,我的意思是,这类人是如何产生的?

这两个问题最好是放在一起回答,因为二者是可以互相启发的。今天试图引领欧洲生活的这类人与19世纪的引领者大为不同,但前者还是在19世纪被制造出来、得到培养的。无论是在1820年,还是1850年,还是1880年,任何一个目光犀利的有头脑的人,只要简单地思考一下,作一番前瞻,就能预见到今天的历史形势之严峻了。事实上,没有哪种新情况的发生是不曾在一百年前被预料到的。"大众在进军!"黑格尔曾带着启示录的口吻这样说道。"如果没有一种新的精神力量出现,我们这个时代——革命时代——就会引发一场灾难。"奥古斯特·孔德发出这样的宣言。"我看到虚无主义的浪潮在高涨!"留着小胡子的尼采站在恩加丁①的一块巨岩上高呼道。历史无法预测的说法是错误的。历史已经被预言言中了无数次。如果未来不让预言看到它的任何一面,那么当未来得以兑现并成为过去时,它也就无

---

① 恩加丁(Engadina),瑞士地名。

法被理解了。历史学家是一个倒过来预言的先知,这一观念包含了整个的历史哲学。诚然,我们只能够预先看见未来的大体框架;而我们对过去和现在的了解,也不过如此。因此,如果您想看清您所处的时代,那就站在远处看。隔多远的距离呢?很简单:恰好看不到克娄巴特拉的鼻子的距离①。

19世纪生产出越来越多的大众人,这类人的生活是怎样的一个面貌呢?首先,是无处不在的物质上的便利。中人从没有如此轻松地解决他的经济问题。虽然大规模集中的财富在逐渐减少,产业工人的日子越来越难熬,但是对于任何一个社会阶级的处在中间的人来说,他的经济前景是越来越明朗的。每一天他的生活standard②系列都会增加一款新的奢侈品。每一天他的位子都越发稳固,越来越不用听命于别人的专断意志。在以往被看成是运气的奖赏、令人怀着谦卑之心感激命运的东西,变成了一种权利,对于这样的权利,他不知感恩,只知索取。

1900年,工人的生活也开始得到扩展和保障了。然而,工人必须通过斗争才能得到这些,不像中人那样,自有社会和国家这样的庞大组织把福利慷慨地送上前来。

除了这种经济上的便利和稳定,还有身体上的便利和稳

---

① 典出帕斯卡的名言:"如果克娄巴特拉的鼻子短那么一点,整个世界的面貌就会改变。"
② 英语,意为"标准"。

定：comfort①和公共秩序。生活在舒适的轨道上滑行，没有任何暴力的、危险的东西会侵入这样的生活。

如此开阔、明朗的形势，一定会在这些中人的心灵最深处留下一种生活印象，这种印象可以用我们这个古老民族的一句既幽默又犀利的谚语来表达："卡斯蒂利亚，天大地也大。"②也就是说，对于这个新人来说，生活在所有基本的、决定性的层面都**没有了一切阻碍**。只要我们能想到，这种自由生活之福，在过去的普通平民那里是全然没有的，我们自然就能理解这一事实及其重要性了。对于过去的平头百姓来说，人生是一趟负担沉重的行程——经济上、身体上都是如此。他们感觉生活从一开始就是一堆不得不去忍受的障碍，除了让自己去适应它们、在它们的夹缝中安身，别无他法。

如果我们从物质层面转到民权的、道德的层面，不同形势的对比是更为显著的。从19世纪下半叶开始，中人就发现自己面前没有任何社会障碍了，也就是说，在公共生活的形式上，他也不是一生下来就遇到羁绊和限制了。没有什么会迫使他遏制自己的生活。在这方面，同样是"卡斯蒂利亚，天大地也大"。所谓的"门第"和"等级"，都不存在了。没有哪个人在民事上享有特权。中人明白，所有人在法律上都是平等的。

---

① 英语，意为"舒适"。
② 卡斯蒂利亚（Castilla）是西班牙中部地区名，古有卡斯蒂利亚王国，是构成现代西班牙的核心部分。

人一下子被放置在一个由这样的条件所决定的境遇或者说生命环境之中，在整个的历史上，他还从没有遇到过哪怕与之有一点相像的情形。这确实是人类命运的一次彻底革新，这一革新是由19世纪付诸实行的。一个供新人生活的新的舞台搭建起来了，这个新人在身体层面和社会层面都是新的。使这个新世界成为可能的，是三个原则：自由式民主、科学实验和工业主义。后两项可以合并成一项：技术。这些原则没有一个是在19世纪首创的，它们都来自于之前的两个世纪。19世纪的荣光不在于创制了这些原则，而在于将这些原则付诸实行。谁也不会否认这一点。但是，光是抽象地承认这一事实是不够的，还须认清它的不可避免的后果。

19世纪从本质上说是一个革命的世纪。它的革命性不应在街垒战斗的热闹场面中去找寻，街垒本身并不构成革命。19世纪的革命性体现在它让中人——广大的社会大众——的生活条件发生了翻天覆地的变化。公共生活被倒置了。革命并不是对预先存在的秩序的反叛，而是建立一个有悖传统秩序的新秩序。因此，如果说19世纪造就的人在公共生活的层面上与以往一切时代的人相比，是一个例外，这么说是毫不夸张的。18世纪的人自然与17世纪的人不一样，而后者又与16世纪的人不一样，但与19世纪的这个新人相比，他们就显得相似了，像是同一家族的人，甚至在本质上是没有区别的。对于以往所有时代的"平头百姓"来说，"生活"首先意味着限制、义务、依附；用一个词来概括，就是压力,用"压迫"这个词也行,但须记住此"压迫"不仅是法律、社会层面上的,也是自然层面上的。因为自然层面上的"压迫"直到一百年以前才不复存在,正是在那时,科学技术——包括物理学上的和管理学上的——开始几乎不受限制地扩张。在以往,即便对有钱有势的人来说,这个世界也是一个贫困的、充满艰险的所在[*]。

这个世界从新人一出生开始就环抱着他,不会强迫他在任何一个方向上限制自己,不会禁止他干这干那,不会挡住他的脚步,反倒是激发他的欲望,而这些欲望从原则上说是会无限增长的。事实的情况是——这一点很重要——19世纪至20世纪初的世界不仅具有它实际已达到的完美度和广度,而且还让世人怀有一种彻底的信念:明天世界会更加富有、更加完美、更加辽阔,仿佛它的增长是自发的、不会穷尽的。今天,尽管已经出现了一些信号,预示着这一坚定的信仰会破开一个小小的裂口,然而无论如何,今天仍然没有多少人会怀疑,汽车会在接下来的五年之内变得更加舒适、更加便宜。人们对此坚信不疑,就好比相信明天太阳仍会照常升起。这个类比是没有问题的。因为事实上,面对这个在技术上和社会组织上如此完美的世界,普通人会认为,这个世界是大自然造出来的,从不会

---

[*] 在以往,一个人即使相对于其他人来说再富有,因为整个世界都很穷,他的财富可以给他带来的便利性和舒适性的范围是非常有限的。今天的中人的生活,与过去时代最有钱有势的人的生活相比,也要更容易、更舒服、更安全。他并不比同时代的其他人更富有,但这又何妨?这个世界本就很富有了,给他提供了种种美妙事物:道路、铁路、电报、宾馆、人身安全和阿司匹林。

想到那些优秀个体们付出的努力,不会想到,这个世界能被创造出来,意味着这些杰出之士要施展他们的卓越才干。他更不会承认,所有这些便利仍然是仰赖于一些人的难能可贵的品质的,这些人只要有一点微小的失误,整座宏伟建筑就会在一瞬间灰飞烟灭。

由此,我们在当今大众人的心理图谱上注意到两个首要的特征:第一,他的生命欲望自由膨胀,由此也带来他个人的自由膨胀;第二,对于使他的生活便利性成为可能的一切,他都表现出彻底的忘恩负义。这两个特征正是人们熟知的被宠坏的小孩的心理。事实上,以这种心理作为窥视孔来看今天的大众心灵,是不会错的。这个新的普通人继承了一个漫长的、有独创精神的过去——无论是在想法上还是在行动上,都是有独创精神的——,受到他周围世界的宠爱。宠爱,就是不给欲望加上限制,让一个人觉得他可以被允许做一切事情,同时又不被强迫做任何事。一个生在这样的环境里的小孩,是不会意识到他自己的界限在哪里的。正因为他周遭的所有压力都被移除了,他和其他人的所有冲突都被规避了,他就真的相信自己是唯一的存在者了,于是习惯于不考虑他人,特别是不会认为任何人是高于他的。只有遇上比他更强、迫使他放弃一个愿望、让他抑制自己、限定自己的人,他才能体会到"别人比我更高"的感觉。只有这样,他才能学会这条根本的规矩:"这里是我的终点,也是另一个比我能力更大的人的起点。看来,在这个世界上有两个人:我和另一个比我更高的人。"在以往的时代,世界总是日复一日地让中人明白这条基本的道理，因为那时的世界还是很粗糙地组织起来的，灾难频仍，那样的世界谈不上有任何的安全、充裕和稳定。然而，这些新出现的大众看到的则是一个充满可能性并且非常安全的世界，一切都是准备好的，可供他支配的，无需他事先做出努力，好比我们一抬头就能望见高悬中天的太阳，无需我们先把它举过肩头抬上去。没有谁会因为他呼吸的空气感谢另一个人，因为空气不是哪个人制造出来的：它属于"就在那里"的那一整套东西，也就是我们所说的"自然"，因为它永远不会匮乏。这些被宠坏了的大众实在是不够聪明的，他们相信，这个像空气一样任由他们支配的物质和社会组织是和空气同源的，因为看上去它也从不出岔子，它几乎和自然组织一样的完美。

好了，我的论点如下：19世纪给某些生活层面赋予的组织是如此完美，使得因此受益的大众不把这样的组织看成是组织，而是当成自然。这样就能解释和定义这些大众显露出的荒诞心态了：他们关心的只有他们自己的福利，与此同时，他们又对这些福利的由来漠不关心。他们没有在文明带来的好处背后看到非凡的创新和创建工作，这些非凡之举只有通过巨大的努力和谨慎才能延续下去。他们因而认为，他们应当做的只是急吼吼地要求得到这些好处，仿佛这些好处都是生而俱有的权利。在由匮乏引发的暴动中，群氓大众总会寻找面包，而他们采取的手段通常是捣毁面包坊。这一举动可以看成是大众行为的一个象征，今天的大众在向这个养育了他们的文明发难时，会采取规模更大、更为复杂的行动*。

---

* 不管是平民大众，还是所谓"贵族式"的大众，一旦为自己的喜恶所支配，他们就总是出于生活的热情，倾向于毁掉自己生活的源头。有一起事件，总让我觉得像是以这种"为了生活，毁其所由"的倾向为题的滑稽漫画。这起事件发生在靠近阿尔梅利亚的一个叫尼哈尔的村子，时为1759年9月13日，卡洛斯三世加冕为王。在村子的广场上，有人宣布了这一消息。"后来，他们下令给聚集在那里的那一大群人派发酒水，结果这些人喝掉了七十七阿罗瓦的葡萄酒和四个皮袋的烧酒，这些酒让他们的兴头更为热烈，他们随后就不断欢呼着涌向公共粮仓，把粮仓里储存的小麦连同九百枚雷阿尔币从窗口扔出。接着他们又冲向烟草专卖店，让里面的人把当月发工资的钱连同烟草一起扔出来。他们在各个店铺里我行我素，更加放肆，让里面所有的各种饮料和吃食都撒满一地。僧侣们同样迅速地集结在一起，他们大声喊着让女人们把家里所有东西都扔出来，而女人们已经毫无兴致了，因为家里的面包、小麦、面粉、大麦、盘子、砂锅、研钵、磨盘，连同椅子，全都已经没有了，这个村子已经完全被毁掉了。"这是当时一份文告上的记录，作者是桑切斯·德·托卡先生，堂曼努埃尔·丹维拉在他的《卡洛斯三世之治》一书中做了引用，见该书第2卷第10页注2。这个村子的人们，为了体验新君登基之乐，毁灭了他们自己。伟大的尼哈尔！你代表了未来！

第七章 贵族生活与庸常生活，或努力与惰性

一开始，我们是应我们生活在其中的这个世界的要求而成为我们的，我们灵魂的基本特征由周遭世界的轮廓决定，如同是由一个模子刻出来的。自然，生活就是与周围的世界发生联系。世界呈现给我们的整体面貌就是我们生活的整体面貌。因此，我才如此频繁地强调，今天的大众诞生于其中的这个世界，呈现出的是一个在历史上看来全新的外貌。在过去，生活对于中人来说意味着在他周围遇到困难、危险、困乏，意味着命运受限和依附，而在今天，新的世界呈现为一个安全的、有几乎无限的可能性的、人在其中无需依赖任何人的场域。正是基于这样一种原初而持久的印象，才形成了一个个现代人的灵魂，正如古代人的灵魂是基于与此相反的另一种印象而形成的。因为这种根本印象已经转变成了内心的声音，它在心灵最深处喃喃细语，不断地提示他人生的定义，而这定义同时也是一个指令。如果说传统的印象常常提示说："生活就是感到自己受限制，正因如此，生活就是必须时时考虑我们的界限"，那么今天新的声音则是："生活就是不受任何限制；因此，生活也就意味着安心地释放自我。基本上没有什么是不可能的，没有什么是危险的，而且，从原则上说，没有谁高于谁"。

这种根本性的体验完全改变了大众人传统的、经久不变的结构。因为大众人原本总是感到自己在本质上是有物质限制的，是受制于更高级的社会权力的。在他眼里，这就是生活。他若是能改善自己的处境，在社会等级上有所攀升，则总是将之归因于偶然的好运，是运气独独垂青于他。要不然，他就将之归因于巨大的努力，他自己知道这努力让他付出了多少代价。不管是哪种情况，这都是生活与世界惯常状态的特例；这种特例是由某种极为特别的原因造成的。

可是，今天新的大众把这完满的、一切皆可的生活状态看成是天然的、既定的、没有任何特殊缘由的状态。没有任何外在的东西会激发他去认识到自身的局限，因此，也没有任何外在的东西能让他时时考虑到有其他力量，特别是有比他更高级别的力量存在。直到不久之前，中国的农民还一直认为，他们的人生幸福全仰赖于皇帝大人拥有的个人品德，因此，他们的生命就长久地维系于他们所仰赖的这个高级力量。**而我们正在剖析的这种人习惯于不去为自己寻求任何外在的力量。**他满足于现在的自己。他单纯地倾向于肯定和许可自身的一切——意见、欲望、偏好或是品味，无需高调显摆，仿佛这是世界上最自然的事情。为什么不这样呢？既然正如我们已经看到的，没有什么东西和什么人会促使他意识到，他是个二等之人，他是极为狭促的，他既没有能力去创造、也没有能力去保存这个为他的生活赋予广度和快乐的组织，而他对自己个人的肯定，正是建立在这广度和快乐之上的。

对于大众人来说，如果**境遇**没有暴烈地逼迫他，他是永远不会去寻求他身外的任何力量的。既然现在境遇没有强迫他什么，那么这永恒的大众人，遵照他的属性，就不去寻求什么外在的力量了，他感到自己是自己生活的主宰。相反，优秀的人或者说精英则在本性中具有一个内在的需要，需要为自己寻求一个超乎身外的、高于自己的规则，他自由地服从于这一规则。读者诸君大概还记得，一开始我们区分优秀之人与庸常之人时是这么说的：前者是对自己有很多要求的人，后者则是对自己没什么要求、满足于自己的现状、与自己相处愉快的人*。与人们常认为的恰恰相反，真正生活在奴仆状态中的人，不是大众，而是精英。对于精英来说，如果不让生活成为对某种超验的东西的付出，那么这样的生活就不像是自己的生活。因此，在他眼里，服务于某个目的的需要，并不是一种压迫。若是出于偶然，这种需要暂时缺失时，他会感到不安，并且会创造更难的、要求更高的新规则来压迫自己。这就是作为纪律的生活——贵族生活。贵族身份是由要求、义务而不是由权利所定义的。Noblesse oblige.① "生活适意，乃是庸人：贵族渴求条例与律令。"（歌德）贵族的特权，本不是赏赐，不是被赠予的，而是征服得来的。特权的持有，从原则上说，意味着享有特权的人在有必要的时候，在其他人与他抢夺特权的时候，时

---

* 遇到任何问题，只消按照头脑中浮现出的第一个念头想一想，就满足了，这样的人从智性上说，是大众。精英则相反，未经努力就在头脑里找到的东西，他是看不上的，只有那高出于他、要求做出更大努力才能被得到的东西，他才能安然接受并且认为是与己相称的。
① 这是一句来自法语的谚语，意为"贵族有责任"，或者说"位高则任重"。

时都有能力将攻取来的权利重新夺回*。Privi-legios①，个人权利，并不是被动获得的拥有物，不是单纯的享受，而是代表了个人努力可以达到的高度。相反，普遍权利，比如"人的权利""公民的权利"，则是被动获得的财产，是纯粹的收益和利益，是命运慷慨赠与的礼物，每个人都有份，得到这份礼物不需要付出任何努力——除了保持呼吸和避免精神失常。要我说，非个人的权利是为人们所"具有"的，而个人的权利则是为人们所"持有"的。

"贵族"，一个如此具有启发性的词，却在日常语言的使用中遭受了腐蚀，这是令人恼怒的。因为对于很多人来说，这个词一旦具有了遗传性的"血统贵族"的意味，就变成了某种类似于普遍权利的东西，成了一种静止的、消极的品质，如同一种无生命的东西那样被接收、被传承。但是，这个词的本义，"贵族"（nobleza）一词的词根从本质上说是充满动力的。"Noble"意指"有名的"人，所有人都知晓的人，名人，从无名大众之中脱颖而出、为世人所知之人。"Noble"意味着一种不同寻常的努力，正是这种努力促成了美名。因此，这个词等同于"努力的"或者"优秀的"。贵族之子的贵族身份，或者说名气，则纯粹是既得之利了。儿子之所以有名，是因为老子成功地获得了名声。他是因为反射了光亮而有名。事实上，遗传血统的贵族具有一种非直接的性质，他是从镜子里射出的

---

* 见《没有主心骨的西班牙》一书（1922年）第156页。（《全集》第三卷第423—512页。）

① 此处作者有意把"privilegios"（特权）一词拆成privi（个人）和legios（权利）这两个词。

光,是月光式的贵族,仿佛是由逝者们造就的。留存在这种贵族身上的鲜活、真实、有动力的东西,仅仅是一种呼唤,要后辈维持前辈曾已达到的努力水平。Noblesse oblige,贵族总是有责任的,尽管放在这里,这句话的意思有所歪曲。先辈贵族要求自己承担责任,遗传血统的贵族则被遗产要求承担责任。无论如何,从最初的贵族到其继承者,在贵族身份的传递中,总是存在着某种矛盾。中国人表现得更合理,他们将传递的秩序倒转过来,不是父亲让儿子高贵,而是儿子在取得贵族身份后,将之传递给他的先辈们,以他的努力使他整个的卑微族脉都熠熠生辉。因此,在一个人被授予贵族品阶时,他的家族里上溯好几辈人都获得了名誉,得到了与其辈数相应的荣衔,有人只是让自己的父亲进爵显贵,还有的人则将他的赫赫声威扩展至第五代乃至第十代祖先。祖先们是靠着现在的子孙活着的,后者的贵族身份才是实在的、实际的;总之,这样的贵族身份是现在时,不是过去时[*]。

"贵族"是直到罗马帝国时代才成为一个正式词汇的,这个词的出现恰恰是为了反对已经江河日下的遗传血统的贵族。

对于我来说,"贵族"是"努力生活"的同义词,这种生活总是试图超越自己,超越那被预设为责任、义务和客观要求的东西。因此,贵族生活是站在庸常生活或者说惰性生活的对立面的,后一种生活在静止中幽闭自我,只要没有一种外力强

---

[*] 在上文中,我们追溯了"贵族"一词最初的意义,其最初的意义是没有涉及遗传的,而事实上"血统贵族"在历史上出现了很多次,不过在此没有机会探讨这一事实了。这个问题待解。

迫它脱离自身，它就注定要永远固步自封。所以，我们用"大众"这个词①来指称这样一种人——与其说是因为这样的人为数众多，不如说是因为这样的人是惰性的、无生气的。

在人生道路上前行，人会越来越清楚地意识到，大部分的人——男人女人都包括在内——都只会机械地对外在需要做出反应，除了这样一种被强迫要求的努力外，他们不会做出任何努力。正因如此，我们认识的极少的那一些能够做出自发的、可贵的努力的人，才显得如此另类，在我们的生活经历中，他们仿佛化为了丰碑。他们是精英，是贵族，是保持主动、不仅限于作出反应的人，对于他们来说，生活是永远的紧张状态，是永不停歇的训练。训练：áskesis②。他们是苦行者（ascetas）*。

这些看上去是题外话，读者诸君不要觉得奇怪。今天的大众人与以往的大众人一样"大众"，却欲图取代优秀者。要给这样的大众人下定义，我们必须将他与混合在他身上的两种纯粹形式作比较：一种是通常意义上的大众，另一种是真正的贵族或者说努力奋斗之人。

现在，我们可以加快步伐了，因为在我看来，我们已经掌握了解读今天占主导地位的那种人的钥匙，或者说是心理方程式。接下来的一切，都是一种根本结构的结果或者说推论，可

---

① "大众"在西文原文中是masa，该词亦有"面团"之意。
② 希腊语，"训练"之意。
* 见《国家的体育根源》，收入《观者》（《全集》第2卷）。

以概述如下：由19世纪组织起来的这个世界，在自动生产出一种新人的同时，也在他身上注入了巨大的欲望，同时又赋予他用来满足这些欲望的各式各样的美妙资源——有经济方面的和身体方面的（卫生，高于以往任何时代的平均健康水平），有民权方面的和技术方面的（这后一方面，我指的是为今天的中人所享有、过去的人总是缺乏的海量知识，这些知识是片面的，又是富有实效的）。在把这些能量一股脑儿全塞给他之后，19世纪就丢下他，让他自己管自己了，于是，中人依循着自己的自然属性，自闭于一己之内。就这样，我们见识到了一个比以往任何时代的大众都更为强大的大众群体的出现。与传统的大众不同，今天的大众是把自己密封起来的，它没有能力去顾及任何东西和任何人，认为光有自己就够了——总之，它是不服管束的*。照目前的样子继续下去，我们会越来越清楚地看到，在整个欧洲——并且因为欧洲的影响，在整个世界——无论在哪一个领域，大众都无法让自己接受任何人的统领。在我们这个大陆即将迎来的艰难时刻，大众有可能会突然感到惶恐，暂时虚心一下，在某些特别紧要的事务中接受优秀少数人的领导。

但是，这种虚心不会持续长久。因为大众的心灵已经在根本上由密闭主义和不服管束的倾向所造就了，因为他们一生下来就缺乏顾及身外之事、身外之人的能力。他们要是想追随某人，到头来却发现追随不了。他们要是想倾听，到头来还是发

---

* 关于大众特别是西班牙的大众的不服管束，我曾在《没有主心骨的西班牙》（1922年）一书中谈到过，在此我参照了在该书中的说法。

现,自己已是聋人。

另一方面,如果我们认为,现在的中人既然在生活水准上相比以往时代达到了极高的水平,他可以自主控制文明的进程了,那么这样的想法是不切实际的。我说的是"进程",不是"进步"。现在的这个文明,单是要把它保持好,已经是非常复杂的了,需要极为精细的能力。中人是无法胜任这项工作的。虽然他已经学会使用各种文明工具,但他的一大特点在于,他对于文明的原则是全然不知的。

如果读者诸君有耐心能读到这里,我还是要重申一下,不要以为我的这些观点有什么政治意味。政治活动是一切公共生活中最有效、最为显而易见的活动,同时,它也是后发的活动,是由其他更为隐密、更难以察觉的活动派生出来的。所以,政治上的不羁性假使不是脱胎于一种更为深刻、更具决定性的智识上和精神上的不羁性,就不算真正严重。因此,如果不对后者做一番分析,本书的理论就不能最终被阐明。

第八章 为什么大众喜欢介入一切，以及为什么他们只会强力介入

我们已经看到，发生了某种极为矛盾而事实上又极为自然的事情：当世界和生活一下子向平庸之人敞开时，他的灵魂却封闭了。我认为，大众的反叛就在于这些平庸者灵魂的闭合。今天人类面临的重大问题，就是大众的反叛。

我知道，有很多读者抱有和我不一样的想法。这也是再自然不过的事情，可以证实本书的理论。因为哪怕我的观点是完全错误的，有一个事实是确凿的，那就是在与我想法不同的读者当中，很多人在如此复杂的问题上都没有思考哪怕五分钟的时间。既然如此，他们怎么会和我想的一样呢？可是，当他们认为自己有权利在预先不做努力的情况下对一个问题发表意见的时候，他们就清楚地表明，自己是属于被我称为"反叛的大众"的这种荒诞类型的。这正是灵魂的阻塞、灵魂的闭合。这种情况就是心智密闭（hermetismo intelectual）。他发现自己拥有一大堆观点，决定满足于这些观点，认为自己在智识上已经完满了。他对自身之外的任何观点都不感兴趣，在自己的思想宝库里牢牢坐稳。这就是自我闭合的机制。

大众人觉得自己是完美的。一个精英要觉得自己完美，需

要变得特别爱慕虚荣，而对自身完美的信仰并不包含在他的本性之中，这并不是他的天性，而是来自于他的虚荣心，并且对于他来说具有一种虚幻的、想象的、成问题的性质。爱慕虚荣的人需要别人，他对自己是什么样的看法，需要在别人那里获得肯定。因此，即便是在这种病态的情况中，即便是被虚荣"蒙蔽了双眼"，贵族之人也无法感到自身真正的完满。相反，对于今天的庸人、这个新的亚当来说，自己的完满是毋庸置疑的。正如亚当那样，他对自身的信任是天堂般的。他自身灵魂本有的密闭性阻止他做出一个举动，这一举动是发现自身不足的前提，那就是：与他人做比较。与他人做比较，就是暂时跳出自己、转移到他人那里。然而，平庸的灵魂是没有能力完成迁移这一高级运动的。

大众人和精英的这种差别，和傻子与智者之间永远存在的那种差别是一样的。智者总是吃惊地发现自己离傻子只差两步，因此，他会做出努力去避免犯傻，所谓明智，即在于这种努力。而傻子是不会怀疑自己的：他觉得自己是极为审慎的，蠢人在自己的愚蠢中安身立足的那种泰然自适，正来自于此。正如那些长居在洞穴里的小昆虫是很难被拉出洞口的，要想让愚人摆脱他的愚昧，要想带他散会儿步，暂时离开被蒙蔽的状态，要想强迫他把自己惯常的笨拙眼光与其他的更加精细的眼光做一比较，是没有可能的。愚人是终身为愚的，他一刻也摆脱不了愚昧状态。因此，阿纳托尔·法郎士[①]说过，一个蠢人

[①] 阿纳托尔·法郎士（Anatole France，1844—1924），法国作家，曾获诺贝尔文学奖。

要比一个坏人更为不幸，因为坏人还能时不时暂歇一下，蠢人则永远无法停歇*。

这里并不是说，大众人是傻子。正相反，今天的大众人要比以往任何时代的大众人都更为聪敏，拥有更多的智力。但这种能力对他来说没有一点用处；事实上，模模糊糊地觉得自己拥有这种能力，只会让他更加封闭自我而不去运用它。他一次性地收下一箩筐的话题、成见、思想残片或者单单是空洞的词汇，这些都是他不经意地堆积在脑中的，然后他怀着一股只能以他单纯天真才说得通的勇气，无论到哪里都要把这一箩筐的东西强加于人。这就是我在第一章中所说的我们这个时代的特征：不是凡庸者认为自己杰出不凡，而是凡庸者宣示凡庸的权利并四处声张，或者说，他们宣称凡庸是一种权利。

今天，智力凡庸之人对公共生活的统治或许是时代形势中最为新颖的元素，也是与过去的时代最难相容的元素。至少在迄今为止的欧洲历史上，凡庸之人从没认为自己拥有关于事物的"想法"。他拥有信仰、传统、经验、谚语、思维习惯，但是，他从没有想象自己拥有关于事物是什么样或者应该是什么样的理论性意见——比如，关于政治或文学的意见。为政者计划什么，正在做什么，他只是觉得好或者不好；他表示拥护或者放弃支持，但他的态度始终仅限于对其他人的创造性活

---

* 我曾有很多次想到这个问题：毫无疑问，自古以来，很多人人生中遭遇的最痛苦的折磨之一，就是与他人的愚蠢相接触，发生碰撞，那么，为什么迄今为止——在我看来——从没有人尝试过研究一下这个问题、写一篇《论愚蠢》呢？

动发出积极或者消极的回响。他从不会想到拿自己的"想法"去反对为政者的"想法",更不会想到以认为自己拥有的"想法"为审判台去评判为政者的"想法"。在艺术以及公共生活的其他领域,情况也是一样的。他本来就明知自己的局限,意识到自己是没有资格去建构理论的*,这样的意识阻止他去发表见解。这一事实自然导致的后果是,凡庸者从来不敢奢望在几乎任何一个公共活动中去做决定,这些活动大部分都是理论性质的。

然而,到了今天,中人对于世界上发生的和将要发生的一切都有着极为明确的"想法"。因此,他放弃了听觉的运用。既然他已经在头脑里拥有了一切,那还要耳朵干吗呢?现在,洗耳恭听已经是不合时宜的了,合时宜的是评判、下定论、做决定。任何一个公共生活的问题,他都要介入,在保持他惯有的盲目与耳聋状态的同时,强加他的"意见"。

可是,这难道不是一件好事吗?大众有"想法"了,也就是说,他们开始有文化了,这不是代表着一个巨大的进步吗?完全不是。中人的"想法"并不是真正的思想,他们有"想法"并不等于他们有文化。"想法",是对真理的挑衅。一个人要是想有"想法",必须先学会爱真理、接受由真理制定的游戏规则。要谈论想法或者意见,必须首先承认一种对这些想法和意见予以规范的要则,接受一系列在讨论中可以援引的准则,否则就是无意义的空谈。这些准则,就是文化的原则。至

---

* 不要试图回避问题:一切发表意见的行为都是在建构理论。

于是什么样的原则,我在此不做探讨。我想说的是,在所有的文化里都存在着一套让大家都有法可依的原则。在所有的文化里,都存在着可以作为依据的民法原则。在所有的文化里,都存在着有知识的人在论争中必须遵循的某些终极姿态[*]。在所有的文化里,都存在着一种统领各种经济关系、保护交易人权益的交易制度。在所有的文化里,美学论辩都承认给艺术作品正名的必要性。

当这些东西缺失的时候,就没有文化;有的只是野蛮——从这个词最严格的意义上说。在欧洲,随着大众反叛的逐步升级,野蛮正在抬头,我们不要心存妄想。一个初抵野蛮国度的旅人知道,在那块地域,没有可以时时援引的原则在做主导。专属野蛮人的规则是不存在的。野蛮,就是规则的不在场,就是援引规则的可能性的缺失。

文化程度的高与低,是由其规则的精确度的高与低来衡量的。在文化程度极低的地方,规则只是"粗略"地规范着生活;在文化程度较高的地方,规则在所有活动的进行中都深入到细节里。西班牙智识文化的匮乏,也就是说,思维能力的培养或是有章法的思维训练的匮乏,并非体现在言说者和写作者知识的多寡,而是体现在他们接近真理时审慎和细心的缺失上。问题不在于他们判断的对与错——真理并不在我们手中——而是在于他们无所顾忌,无视那些做出正确判断的基本

---

[*] 在我们展开争论时,如果有人不屑于遵守真理、没有求真务实的意愿,那么这样的人在心智上就是野蛮人。事实上,这就是大众人在说话、发表演讲或是写作时持有的姿态。

要求。我们仍旧是那个永恒的村中神甫,他总能成功地驳倒摩尼教徒,却不在事先弄清楚摩尼教徒真正在想什么。

任何人都能觉察到,在欧洲,从数年前开始,就不断地发生着一些"怪事"。要为这些"怪事"举例说明的话,我就点几个政治运动的名字吧,比如工团主义和法西斯主义。它们看上去奇怪,并不仅仅因为它们是新事物。革新的激情是欧洲人身上生而俱有的,这种激情促使他们创造了人类已知的最为风云激荡的历史。因此,这些新现象的怪异之处并不在于它们的新,而是在于它们的极不寻常的表现形式。在欧洲首次出现了这样一类人,他属于工团主义或法西斯主义的门类,他**既不想讲道理,也不想表达在理**,他只是决绝地强制推行他的意见。这是新事物:不讲理的权利,非理性的理性。我在其中看到了大众这种新人的最明显的表征,这样的人下定决心领导社会,同时并不具备领导社会的能力。在大众的政治举动中,这种新人的心灵结构以最直观、最有力的方式显露出来,而关键在于他的心智密闭。中人的头脑里满是"想法",但是他并不具备制造想法的能力。想法都是在什么样的难能可贵的条件下诞生的,他也丝毫不去考虑。他想发表意见,但是他不想接受一切意见诞生的条件和前提。因此,他的"想法"不是真正的想法,只是用词句抒发的欲望而已,如同带歌词的浪漫曲。

拥有一个想法,意味着相信自己掌握了拥有该想法的理由,因此,也就意味着相信存在着一个道理,存在着一个包含各种可理解的真理的世界。创制想法,发表见解,就等于是去征询这一高级权威的意见,听从于它,接受它的法则、它的裁断,并且相信,人与人共同生活的高级形式就是对话,在对话中,我们可以就各自想法的理由展开辩论。但是,中人要是同意加入辩论,就会觉得自己无所适从,他会本能地拒绝服从于这一身外的高级力量的义务。因此,在欧洲出现的"新"情况,就是"结束辩论",就是厌恶一切共同生活的形式,因为共同生活本身就意味着遵守客观规则,从交谈到议会,包括科学在内,都是如此。这也就是说,他们拒绝基于文化的共同生活,这种共同生活是在一系列规则的约束下实现的;他们倒退回野蛮状态下的共同生活。所有的正常程序都被取消,以便他们直接推行他们的欲求。之前我们已经提到,心灵的封闭促使大众介入一切公共生活,现在可以说,心灵的封闭也引领着大众不可避免地走向一种介入方式,他们只会采取这种介入方式:直接行动。

如果哪一天有人尝试重构我们这个时代的肇始,那么一定可以发现,这个时代特殊音律的头几个音符是1900年前后在法国工团主义者和现实主义者的团体中奏响的,是他们发明了"直接行动"的方式以及这个词。人类总是不断地求助于暴力:有时候,这种手段只是单纯的犯罪而已,在此我们不做探讨。另外一些时候,对于已经用尽了各种手段来捍卫自己认为拥有的理性和正义的人来说,暴力成了唯一可以动用的手段。人性一次次地走向这种暴力形式,这是非常令人痛心的,但不可否认的是,这样的暴力也意味着向理性和正义发出的最高礼赞。因为这种暴力不是别的,正是"被激怒的理性"。其实,蛮力就是所谓的"最终理性"(ultima ratio)。人们往往是有点愚蠢地在讽刺的意义上理解这个短语的，这个短语很好地说明了在理性规则面前，蛮力必须俯首称臣。所谓文明，就是将蛮力局限于"最终理性"的尝试。现在，我们可以再清楚不过地理解这个道理了，因为"直接行动"就是倒转秩序，宣称暴力为"首要理性"（prima ratio），实际上就是把暴力当成唯一的理性。这种理性是这样一种规则，它主张废除一切规则，取消横亘在我们的意图和意图的最终实现之间的一切中介。这就是野蛮的"大宪章"。

我们可以回想一下，在以往所有的时代，一旦大众出于这样或那样的原因，在公共生活中采取行动，他们就总是采取"直接行动"的方式。直接行动向来是大众的天然行事方式。可以为本书的观点提供强有力佐证的一个显而易见的事实就是，当大众以领导者姿态介入公共生活的举动从原先的偶然、不经常的状态成为今天的常态时，"直接行动"正式成为了受到认可的准则。

整个人类的共同生活正在逐渐没入这一取消了所有间接权威的新制度的阴影之下。在社交中，"良好教养"消失了。文学成了"直接行动"，文学作品沦为诋毁谩骂。性关系中的礼节程序也大为简略。

礼节、程序、规则、客套、作为中介的惯例、正义、理性！发明所有这些东西、创造这么多繁杂的规矩，究竟是为了什么？这一切都可以归结为一个词："文明"，它通过civis——公民的概念，揭示了它的本源。正是凭借着所有这些东西，城市、社区、共同生活才成为可能。因此，在我刚刚列举的文明的各项器具中，如果我们仔细看一看它们的内里，就会发现它们的本质是一样的。事实上，它们都意味着一种根本的、进步性的意愿，那就是每一个人都为其他人着想。所谓文明，首先是共同生活的意愿。越是不考虑他人，就越是不文明、越是野蛮。野蛮就是各自分离的趋向。因此，所有的野蛮时代都是人类四散流落的时代，在这样的时代里，冒出大量的各自划界、互相敌视的小群体。

在政治上，代表了最高级的共同生活意愿的形式就是自由式民主。它将为他人着想的决心推向极致，是"间接行动"的典范。自由主义是一种政治权利原则，根据这样的原则，公共权力就算是无所不能的，也要限制自己，并且哪怕是自己有所损失，也要在它统领的国家中留出空间，让那些所思所感和它不一致——也就是说，和强者不一致，和大多数人不一致的人都能生活下去。今天，我们最好能记住这一点：自由主义是宽宏大量的最高级形式，是多数人赠与少数人的权利，因此也是这个星球上有史以来响起的最高尚的呼声。它宣示了与敌人——哪怕是最弱小的敌人——共同生活的决心。人类这个物种能达到如此美丽、如此矛盾、如此优雅、如此精巧、如此反自然的境界，实在是不可思议的。因此，人类好像忽然要决绝地放弃对这一境界的追求了，也不足为奇。让自由主义在大地上扎根，实在是太难、太复杂的一件事。

与敌人共处！与反对派共同施政！如此温和的姿态，不正开始变得难以理解了吗？如今，允许反对派存在的国家正变得越来越少，没有什么能比这一事实更清楚地说明现状了。在几乎所有的国家,都是同质化的大众凌驾于公共权力之上,将一切反对派团体踩扁、消灭干净。大众——在看到其紧凑的、群聚一团的外表后,谁能料想到呢?——不希望与异于己者共同生活。他对所有异己者都恨之入骨。

第九章　原始主义与技术

在这里我觉得有必要指出，我们深入分析的状况——今天的这个状况——在本质上是模棱两可的。因此，我在一开始就提出，当今时代的所有特征，特别是大众的反叛，都呈现出两面性。每一种特征都不仅仅是容许、更是要求有一正一反的双重解读。这种两可性不在我们的判断中，而在于现实本身。如今的现实，并不是说从一个角度来看于我们而言是好的，从另一个角度来看是不好的，而是它本身就包含了双重可能，有可能走向成功，也有可能走向灭亡。

我无意用一整套历史哲学的东西来让这本书变得沉重不堪。但可以明确的是，我是以自己的哲学信念为地基来构筑这部著作的，这些哲学信念，我曾在其他地方阐述过或者提到过。我不相信历史的绝对必然性。我认为，一切生活，当然也包括历史生活，是由无数个纯粹的短暂瞬间所组成的，每一个瞬间相对于其前一个瞬间来说都是不确定的，因此，现实在每一个瞬间中摇摆不定，左右徘徊，在诸种可能性中不知该选定这一个还是那一个。这种形而上学意义上的犹豫不决，给一切有生之物赋予了这样一种鲜明的特性：震颤不已，摇动不歇。

大众的反叛，**可以成为通向一个新的、史无前例的人类组**

织形式的过渡，也**可以**成为人类命运的一场灾难。我们没有理由去否定进步的事实，但我们必须纠正那种把进步当成是必然的错误观念。更符合事实的观念是：没有哪种进步、哪种演化是不包含了衰变与退化的危险在其中的。在历史中，一切，一切都是有可能的——无论是高唱凯歌、看似无期限的进步，还是周期性的倒退，都有可能出现。因为生命——不管是个体生命还是群体生命，是个人生命还是历史生命——是宇宙中唯一一种以危险为本质的实体。生命就是由各种历险所组成的。严格地说，生命就是戏剧*。

这是一条普遍真理，在"关键时刻"，比如当今的这个时刻，这一真理愈显重要。因此，在大众全面统治的今天，这种不断涌现、被我们称为"直接行动"的新行为、新现象，也**有可能**预示着更为美好的未来。诚然，一切老旧文化在前行的同时也附带了不少老化的生理组织、累积的角质物，它们是生命

---

* 不用说，几乎没有人会认真思考这样的表述，最用心的人也不过是把这样的表述当作比喻而已，顶多是当成比较感人的比喻。只有某个足够天真、不相信自己已经确知生命是什么或者生命不是什么的读者，才会被这种表述的原初意义所吸引，只有这样的人才能真正**理解**这样的表述，不管其理解是对是错。其他人则保持着热烈的一致，区别仅仅在于：有的人会认为，**严肃地说**，生命就是一个灵魂存在的过程，另一些人则认为，生命是一连串的化学反应。如果我把我的观点概括为一句话，说给这些心灵封闭的读者听，我想也不会有什么效果。我的概括是：当我们在传记的意义上而非在生物学的意义上使用"生命"这个词时，"生命"**最原初**、**最根本**的意义才会显现。我的说法有着强有力的理由：一切生物学，归根结底都仅仅是某些传记的一个章节，是生物学家在其人生中（可以立传的人生）的所作所为。至于抽象、想象和神话，则是另一回事。

的障碍、有毒的残余物：名存实亡的制度、余息尚存却已毫无意义的评价标准与礼节、复杂得不合情理的解决方案、其空洞无用已经得到证实的准则。所有这些**间接**行动的元素，文明的组成部分，都在呼唤着一个简约化风暴时代的到来。浪漫时代的长礼服和宽领带被今天的"脱下大衣"和"撸起袖管"运动统统革除。如今，简约意味着卫生，意味着更好的品味；因此，简约也意味着更完美的解决方案，只要是以最少的手段获得最多的成果。浪漫爱情之树也需要来一次修剪，剪去那些黏附在其树枝上的过多假花，让那些阻碍它吸收阳光的一大堆藤蔓和曲枝统统掉落。

总的来说，公共生活，特别是政治生活，迫切需要来一次返朴归真的修剪，而欧洲人要是不先脱下衣服，要是不给自己减轻重量以达自己的本质状态、与真实的自己相遇，就无法完成乐观主义者期待的返回原初的弹跳。我为这种脱去衣裳、重返真我的要求感到兴奋，我意识到，为了给一个更有价值的未来开辟通道，必须这么做。因此，我呼吁，面对过去的一切，应当保持完全的思想自由。应当让未来统领过去；我们面对一切的既往该采取什么样的姿态，应该听命于由未来发出的指令*。

---

* 这种面对过去的自由姿态，并不是一种傲慢自大的反叛，而是所有"危机时代"的明白无误的使命。当大众对19世纪自由主义发起野蛮攻击时，我奋起捍卫19世纪自由主义，并不意味着我放弃了我所提倡的面对过去应保持的思想自由。反过来说，在本书中露出其最恶劣面目的原始主义，从某种程度上说，也是一切伟大历史进步的必要条件。关于这一点，详见我数年前的文章《生物学与教育学》，收入《观者》第3卷：《野蛮主义的悖论》(《全集》第2卷)。

不过，我们必须避免引领19世纪的那些人犯下的最大罪过：对自己的责任意识不足。这种缺陷使得他们未能保持警醒、留心危险。哪怕最欢乐的时刻也会暗含威胁，露出凶险的一面，对这种危险的规模和凶险的面目毫无知觉，任由自己在事件的进展所呈现出的积极一面上畅快滑行，正是缺乏责任感的表现。今天，对于那些能体会到责任感的人来说，有必要激发他们对责任的过敏知觉，而最紧要的似乎是强调当今时代种种现象显而易见的凶险一面。

如果可以对我们的公共生活做一诊断，着重考虑的不是现在的状况，而是现在的状况表明了什么、预示着什么，那么毋庸置疑，我们公共生活中的不利因素肯定是大大超越了有利因素的。

欧洲人的生活已经体验到的种种可能性的增长有着自行消失的危险，因为这样的生活遇到了一个问题，它是欧洲命运之途中横路杀出的最可怕的问题，我在这里再说一遍：领导社会的权力被一种对文明的原则毫无兴趣的人把持了。这种人并非对这种文明或是那种文明的原则不感兴趣，而是——就今天可以证实的情况来说——对任何一种文明的原则都不感兴趣。显然，他对麻醉剂、汽车和另外的一些东西感兴趣，而这恰恰证明了他对文明根本缺乏兴趣。因为这些东西只是文明的产品，他在这些产品中倾注的狂热更加赤裸裸地凸显了他对这些产品所由来的原理的无感。我们只需点明这一事实：自从 nuove scienze[①]、自然科学诞生以来——也就是说，自文艺复

---

① 意大利语，意为"新科学"。

兴以降——，人们对科学的热情一直在不间断地增长。具体来讲，从事这种纯粹研究的人在总人口中所占的比例是一代高于一代。这方面的首次衰退——我说过，从比例上看——发生在今天从20岁到30岁的这代人中间。纯科学的实验室开始难以吸引新的学徒加入了。也就是在此时，工业取得了历史上最大的进步，人们对科学创造出的机器和药物表现出前所未有的渴望。

如果不嫌麻烦，我们还可以在政治、艺术、道德、宗教、日常生活等各个方面找到类似的这种不协调的状况。

这样一种矛盾的状况，对于我们来说意味着什么？本书试图为这个问题给出解答。这种状况意味着，今天居于主导地位的人是原始人，是从文明世界里冒出来的"自然人"。处于文明状态的是这个世界，而这个世界的居民却不在文明状态：他甚至都看不到文明在哪里，只是把文明当作自然来取之用之。这种新人喜欢汽车，享用汽车；他认为汽车是一棵伊甸园之树自发结出的果实。文明是人造的、几乎令人难以置信的，他在心底里是认识不到文明的这种性质的。他对机器的热情也不会延伸到使这些机器成为可能的原理上去。我在前文中转述过拉特瑙的一句话，说我们正在见证"野蛮人的垂直入侵"，读者诸君兴许会认为——这是很常见的——这只不过是一个"词组"而已。现在我们可以看到，这一表述说的可能是真理，也可能是谬误，但它绝不是一个简简单单的"词组"，而是一个浓缩了一整套复杂分析的正式界定。今天的大众人，事实上就是一个原始人，他从古老的文明舞台的幕后溜到了台前。

今天，人们无时无刻不在谈论技术的美妙进步，但是我没看到有谁在谈论技术进步时怀有对其未来之戏剧性的意识，即便是最高明的说法也未表现出这种认识。在我看来，如此聪慧、如此深刻——尽管同时也是如此疯癫——的斯宾格勒在这一点上过于乐观了。他认为，"文化"之后，取而代之的必是"文明"时代，他理解的"文明"主要就是技术。斯宾格勒对"文化"以及他大体上对历史的看法，与本书的观点相差甚远，因此，很难在本书中对他的结论做出评论，哪怕是为了纠正他的错误。只有跳过鸿沟、忽略细枝末节，将我们双方的观点放在同一个分母之上，才能把我们的分歧表述清楚：斯宾格勒认为，对文化的原则的兴趣消亡后，技术可以继续存在。对此我不敢苟同。技术在本质上就是科学，如果科学不能以其纯粹形式令人感兴趣，不能因为它自身引起兴趣的话，科学就不存在了；如果人们不再对文化的普遍原则保持热情，那么科学也就不能令人感兴趣了。如果这种热情烟消云散——现在似乎就在发生这样的情况——技术只能存活片刻，创造了它的文化动力还能维持多久的余息，它也就只能维持多久。我们使用技术生活，但我们并不是**靠**着技术生活。技术不会供给自己养料，不会自己呼吸，它不是 causa sui[①]，而是由多余的、无用的思绪所产生的有用的、实用的沉淀物[*]。

[①] 拉丁语，意为"自身所由"。
[*] 有人试图把美国说成是一个"技术"的国度，我认为这样的说法毫无意义。最为严重地搅乱了欧洲人思想的几样东西之一，就是那一整套关于美国的幼稚定论，就连最有文化的人都持有这样的定论。这是当今各种问题的复杂性与人们思维能力之间失衡的一个特例，我会在后文中指出。

现在我要说，今天人们对技术的兴趣并不能保证任何东西，更不能保证技术的进步与技术效用的持久。有人认为，技术主义是"现代文化"的一大特征，这种想法当然是不错的。"现代文化"是这样的一种文化，它包含了一种在物质层面上显得很有用的科学。因此，在对19世纪确立的那种生活新面貌进行概述的时候，我提炼出的是这两面：自由式民主和技术*。可是，我还是要说，人们在谈起技术时的那种轻率，着实令我吃惊。他们忘了，技术的心脏是纯科学；技术得以长期存在的条件，包含了使得纯粹科学活动成为可能的条件。他们可曾想过，心灵中有哪些东西必须继续存在，才可以让真正的"科学人"（hombres de ciencia）继续涌现吗？他们真的相信，只要有dollars①就会有科学吗？很多人心安理得地持有这样的想法，这是原始主义的又一个例证。

对于他们来说，制作物理化学的鸡尾酒的那许许多多差异巨大的配料、将它们混在一起摇动搅拌的辛苦劳作，都是不值一提的！即便是对这个问题作一番浮光掠影式的审视，我们也会发现一个再清楚不过的事实，那就是，在整个世界上，在全部的历史中，物理化学仅仅是在由伦敦、柏林、维也纳和巴黎所构成的四边形区域里并且仅仅是在19世纪才得以完全确立和定型的。这一事实表明，实验科学是历史最奇特的产物之

---

* 严格地说，自由式民主和技术是互相包含、你中有我、我中有你的，它们的联系是紧密的，以至于没有哪个可以离开另一个单独存在，因此，最好能再有一个词，更为宏大，可以把这两个词的意思都包括进去。这个词才是它们真正的名字，是19世纪的世纪之词。

① 英语，意为"美元"。

一。巫师、祭司、武士和牧师哪里都有，每个时代都有。但是，产生出这批实验科学家所需要的条件，看来要比产生独角兽的条件还要更为不同寻常。如此简单、明白的事实应当促使我们对科学灵感的这种超不稳定、飘逸无常的特点做一番思考*。谁要是真的以为，如果欧洲消亡了，美国人将会把科学**继续**下去的话，他就上当了！

深入研究一下这个问题，把对于实验科学以及技术来说至关重要的历史前提是什么弄清楚，还是非常重要的。但是，即便这个问题给弄清楚了，也不要指望大众人会有所领悟。大众人是不关心理性的，他非要有亲身体验，才能把道理弄明白。

上面的这番说教是基于理性的，所以应当是精辟的。但是在审视过现实后，我对这番说教的效果不敢抱有幻想。在今天的形势下，中人要是不被说教一通，是不会自发地对科学以及与生物相关的科学产生高度的热情的。想想现在是什么样的一种状况吧：当文化的其他方面——政治、艺术、社会规则、道德——都显而易见地越来越成问题的时候，有一样东西是每天都在以最无可辩驳的方式、以最适合作用于大众人的方式证明其美妙效用的：经验科学。它每一天都提供一样新发明，供中人使用。它每一天都生产出一款新的止痛药或是疫苗，让中人受益。所有人都明白，只要科学灵感势头不减，只要实验室成三倍成十倍地增加，财富、舒适、健康、福利便也会自动倍增

---

* 我们不谈更为内在的问题。今天大部分的科学研究者，对于自己的学科正在经历的极为严重、极为凶险的内部危机，并没有丝毫的察觉。

的。还能想象出比这更为精彩、更具说服力的支持生命原则的广告吗？可是，怎么没有一点迹象表明，大众会要求自己做出牺牲，牺牲钱财和注意力，来让科学发展得更好呢？事实与之相去甚远，战后[①]的现实把科学人变成了新的社会贱民。注意，我说的是物理学家、化学家、生物学家，不包括哲学家。哲学不需要大众的保护、关注或是同情。它保持着自己完美的无用性的面貌*，藉此免于对中人的依附。它知道自己在本质上就是成问题的，也就高高兴兴地拥抱自己如同飞鸟一般的自由命运，不要求任何人多关照它，无需叫卖自己也无需防卫自己。要是它在某件事情上对某个人有了点用，它会单单出于对人类的同情而开心；但是，它并不是靠着为别人提供益处而活着的，它不会预想到也不会指望着自己对别人有用。既然它从一开始就质疑自身的存在，既然它的生存就是自己和自己的斗争，就是奋力折磨自己，它怎么会希望有人把自己当回事呢？我们还是把哲学搁一边吧，它是另一种层次的冒险。

但是，实验科学确实需要大众，正如后者也需要前者，否则就会消亡，因为在一个没有了物理化学的世界，今天达到如此数目的活生生的人口是无法得以维持的。

还有什么样的论证，能比这些人来来去去乘坐的汽车、这些人往自己身上注射的、可以**神奇**地绝杀疼痛的潘托邦[②]更具说服力呢？科学给这些人带来的持久而明显的效益，与他们对

[①] 此指第一次世界大战之后。
* 见亚里士多德《形而上学》，983 a10。
[②] 潘托邦（Pantopón）是一种止痛药。

科学显现出的兴趣是极为不平衡的，因此，我们无法带着虚幻的希望来欺骗自己，我们要是对这些人有所期待，等来的只有野蛮。**尤其是，我们可以看到，这种对科学的冷漠，或许在技术专家群体——医生、工程师等——那里要比在其他任何地方都表现得更为明显。**这些专家在从事自己的职业时，其精神状态与那些志得意满地驾驶汽车或是购买阿司匹林药片的人在本质上是一模一样的。对于科学的未来、文明的命运，他们在内心里没有丝毫的休戚与共的感觉。

或许令一些人感到更为震惊的，是这种正在显现的野蛮状态在其他方面的表现，这些现象具有积极的性质，表现为行动，而非消极不作为，因而更为触目惊心，令人印象深刻。但对于我来说，中人从科学那里得到的利益与中人回馈给科学的感激——或者说，根本毫无感激——之间的失衡，才是最可怕的野蛮的表现*。只有想到在非洲，黑人们也在驾驶和乘坐汽车，也在服用阿司匹林，我才能弄明白，为什么中人对科学缺乏应有的感激。在欧洲，**开始**获得统治地位的那类人——这是我的假想——**相对于他所诞生于其中的复杂文明来说，是一个原始人，一个突然冒出来的野蛮人，一个"垂直入侵"的蛮族人。**

---

* 让这一事实的恐怖性成百倍增加的另一个现象是，正如我已指出的，其他一切重大原则——政治、法律、艺术、道德、宗教——都确切地处于自身的危机之中，或者说至少是在向着彻底的崩溃过渡。只有科学没有崩溃，反而是每天都在越来越频繁地兑现自己的承诺，甚至是超额兑现自己的承诺。它没有对手；如果说中人是痴迷于文化的其他某个方面，从而失去对科学的关注，这么说是没有道理的。

第十章　原始主义与历史

自然永远在那里。它自给自足。在自然世界中，在丛林中，我们可以无惧罪罚、自由自在地做野蛮人。我们甚至可以索性永不放弃野蛮人状态，唯一的危险不过是非野蛮人的其他人类种族的降临。不过，从原则上说，永远保持原始状态的族群是有可能存在的。确实有这样的族群。布赖西格[①]把他们称为"永远沐浴在曙光中的民族"，也就是说，这些人永留在黎明时分，这个黎明已经停滞了、冰封了，不向任何一个正午时分进发。

这种现象发生在仅仅是自然的世界里。但是，在文明的世界里，比如我们生活的这个世界，不会出现这样的事。文明不会总是在那里，它不是自给自足的。它是人力造出来的，它需要艺术家或者工匠。如果您想尽情享受文明给予的诸般好处，却不想费心去维持它……那么您就完了。只消片刻工夫，文明就在您眼前消失了。仅仅是一次闪失，然后等您抬眼四顾时，就发现一切都烟消云散了！就好比是有人突然掀掉了覆盖在纯粹自然之上的几张毛毯，原始丛林重新显露出它的本真状态。丛林永远是原始的。反过来说也一样。一切原始的都是丛林。

---

① 布赖西格（Kurt Breysig，1866—1940），德国历史学家。

所有时代的浪漫主义者都为这样的强暴场面兴奋不已：自然的、非人类的生物一次次地摧残女人的洁白肉体，他们画出扑在勒达身上抖动身躯的天鹅[①]、帕西淮与公牛[②]、被山羊压在身下的安提俄珀[③]。他们到处寻找这样的场景，在废墟的景观中发现了更为精妙的野性场面，在这些地方，经文明加工过的、几何形状的石头窒息在野生植物的环抱中。一个正宗的浪漫主义者观望一栋楼宇时，他的眼睛首先寻找的是在山墙或屋顶上生长的"黄色的芥子花"。他宣称，一切终归都是泥土；无论在哪里，丛林都会重新冒出头来。

对浪漫主义者加以嘲笑，是愚蠢的做法。浪漫主义者也是有他们的道理的。在这些既天真又邪恶的图像背后，跳动着一个宏大的、永恒的问题：文明与文明背后的东西——自然之间的关系，也就是理性之物与宇宙之物之间的关系。请读者诸君准许我在另一个场合再谈这个问题，让我在一个更合适的时机做一回浪漫主义者。

现在我面临的却是一个与浪漫主义截然相反的任务，那就是要遏制住丛林的侵略扩张。现在，一个"有良心的欧洲人"必须致力于解决的难题，类似于如今严重困扰澳大利亚各州的一大麻烦：众所周知，澳大利亚人正在阻止疯狂生长的仙人掌

---

① 据古希腊神话，斯巴达王后勒达在水边漫步时，众神之王宙斯化身为一只天鹅与她亲近，致其受孕。
② 据古希腊神话，帕西淮是克里特岛米诺斯王之妻，波塞冬设下诡计，使其与一头白色公牛交媾，后生下牛头人身的弥诺陶洛斯。
③ 据古希腊神话，宙斯为底比斯国王之女安提俄珀的美貌所吸引，化身为半人半羊的怪物与之亲近，致其受孕。

抢占更多的土地，否则人也要被仙人掌挤到海里去了。上世纪四十年代，一个思念故乡景色的南欧移民——不知是马拉加人还是西西里人——来到澳洲时，带了一盆小得几乎可以忽略不计的仙人掌。今天，仙人掌已经蔓延到整个澳洲大陆，每一年都新占一平方公里的土地，澳大利亚政府不得不投入相当大一部分的预算用于抗击仙人掌的战争。

大众人认为，他生于其中、取之用之的文明是和自然一样自发的、原始的，他也就理所当然地成为了原始人。文明在他看来就是丛林。这一点我已经说过了，现在我进一步详细阐述一下。

文明世界所仰赖的原则——文明世界是需要供养维持着的——对于今天的中人来说是不存在的。他对文化的根本价值不感兴趣，不关心它们的命运，也不打算为之效劳。何以出现这种情况呢？原因有很多，在此我只强调其中一点。

文明越是先进，就越为复杂，越为艰深难懂。今天的文明所提出的问题是极为错综复杂的。头脑能达到这些问题的高度的人，是越来越少了。大战之后的年代为我们提供了一个非常清楚的例子。欧洲的重建——正如我们看到的那样——是一个如数学难题般复杂的工程，欧洲的普通人在如此精细的事业面前就显得低劣了。并非缺乏解决问题的手段，缺乏的是头脑。说得更准确一点：头脑是有的，就是非常少，而欧洲核心部分的平庸躯体不愿把这些头脑架在自己的肩膀上。

问题的精深复杂的程度，与面对这些问题的头脑的精深复杂程度已经是不对等的了。如果没有补救措施，这种失衡会越来越严重，会成为文明的最根本的悲剧。正因为构成文明的那些原则是准确的、富有生产力的，文明的收成才在数量上和精密度上不断增长，直至超出了一般人的接受能力。在我看来，这样的状况不曾在过去的哪个时候发生过。既往的文明都是因为维系其原则的不足而死亡的。今天，欧洲文明却有可能因为相反的原因而走向衰亡。古希腊和古罗马的覆没，不是人的失败，而是它们的原则的失败。罗马帝国因为技术的匮乏而终至崩溃。当帝国人口膨胀到某一数量级时，如此庞大人群的共同生活需要解决某些紧要的物质问题，这些问题只有技术才能解决，正是在此时，古代世界开始倒退，开始往回走，慢慢地耗尽了自己的能量。

然而，现在则是人的失败，因为人无法继续与他的文明的进步保持同步了。那些相对来说最有文化的人在谈起今日生活最基本的话题时，其表现是令人失望的。他们就像一群鲁莽的农夫，想用又粗又笨的手指捡起桌上的一根针。在把握政治和社会话题时，他们运用的是一整套笨重的观念，这些观念只在两百年前有效，而今天他们需要应对的情形，要比两百年前复杂两百倍。

先进文明与艰深难题是同一回事。因此，进步越大，也就在险境里入得越深。生活是越来越好了，但也变得越来越复杂了。当然，问题越来越复杂的同时，解决问题的手段也日趋完善。每一代新人必须掌握这些不断进步的手段。在这些手段当中——我们说得具体一点——有一项是不言自明地与文明的进步紧密联结在一起的，它意味着在身后拥有许多过去、许多经验；它就是历史。历史知识是一项第一流的技术，有保存和延续古老文明之用。它所以有效，不是因为能给生活中出现的新问题提供积极的解法——今天的生活总是有异于昨天的生活——而是因为它能助人免于犯下过去时代的天真错误。如果您不但年事已高，并且因此您的生活开始变得艰难，还失去了对往昔的记忆，不好好利用自己的经验，那么对您来说一切都会成为麻烦。我认为，这就是今天欧洲的处境。今天最"有文化"的人对历史的无知，简直到了令人难以置信的地步。我敢说，今天领导欧洲的人对历史的了解要比18世纪甚至17世纪的人少得多。昔日的那些精英领导者——从宽泛意义上来讲的领导者——是懂历史的，他们的历史知识让19世纪的卓越进步成为了可能。他们制订的政策是从18世纪出发进行构思的，如此正是为了避免重蹈覆辙，这些政策是以过去的错误为鉴的，浓缩了最为长久的经验。然而接下来，19世纪就开始抛弃"历史文化"了，尽管在这个世纪中，专家们让作为科学的历史进展了一大步[*]。今天落在我们头上的、19世纪所犯下的那些特有的错误，大部分正是源于对历史文化的弃置。在19世纪最后的三十年，退化已经悄然开始了，这是走向野蛮的倒退，退回天真、原始之人的状态，这样的人没有过去，或者已经忘却了自己的

---

[*] 在这里，我们可以隐约见到一个时代的科学状态与其文化状态的区别，这一点我们接下来会谈到。

过去。

因此，在欧洲和欧洲的邻近地区，才出现了布尔什维克主义与法西斯主义这两个政治新动向，它们是实质性倒退的两个明白无误的例子。它们的倒退性质，与其说存在于其理论学说的积极内容之中——它们固然包含了一些片面的真理，在这个世界上，谁不占有一点点道理呢？不如说存在于它们在对待它们的那部分真理时所采取的那种**反**历史的、脱离时代的方式之中。它们是典型的大众人运动，和所有的大众人运动一样，这两个运动的引领者们也是平庸的、脱离时代的、缺乏长久记忆的人，这些人没有"历史意识"，从运动的一开始就表现得像是过去时代的人，尽管降生在此时此刻，却属于既往年代的种群。

问题不在于是抑或不是共产主义者和布尔什维克主义者。在此我不讨论信条问题。不可思议并且不合时宜的是，一个1917年的共产主义者会掀起一场在形式上与既往的一切革命相似、对旧革命的缺陷和错误丝毫不做纠正的革命。因此，在俄国发生的事情，从历史的意义上说是无趣的。它不是一个人类新生活的开始，恰恰相反，它是一直以来都有的革命的单调重复，与所有的革命完美重合。人类的古老经验已经为革命总结出了很多习语，拿这些习语来比照俄国革命，没有哪条是不能得到可悲的验证的。"革命会吞吃它自己的儿女！""革命由一个温和党派开启，立马由极端主义者接棒，然后很快就开始向复辟倒退。"类似这样的话还有很多。除了这些令人起敬的老话，还有一些真理，它们虽则不那么广为人知，却同样灵验，比如这条：一场革命的持续时间不会超过十五年，这个时间长度恰好是一代人发挥效力的时间长度[*]。

谁若是真正试图创造一个新的社会现实或政治现实，首先必须保证，在由他促发的新情形面前，这些最为通俗、人人皆知的历史经验将统统失效。以我而言，我会把"天才"的称号保留给这样的政治家：他刚开始行动，中学历史教师们就发了疯，因为历史学的一切"法则"都失去了时效，中断了运行，崩裂成碎片了。

把布尔什维克主义的名称置换成法西斯主义，情况也差不太多。这两种尝试都没有到达"时代的高度"，它们都没有把一切既往压缩过后装入体内，而这是超越既往的不可或缺的条件。与过去的斗争并不是肉体相接的互搏。未来可以战胜过去，是因为它能将过去吞下消化，它要是让过去的某些部分留在体外，就失败了。

不管是布尔什维克主义还是法西斯主义，都是虚假的黎明；它们带来的不是明天的早晨，而是往昔的某一天的早晨，

---

[*] 一代人的活动会持续大约三十年时间。不过，活动是分两个时段展开的，表现为两种形式：大致来说，在这个周期的上半段，新一代人宣传他们的思想、偏好和趣味，这些东西最终会获得效力，在他们事业生涯的下半段成为主导性的存在。但是，在他们的统治之下受教育的更新的一代人会带来另外的思想、偏好和趣味，他们会着手把这些东西注入公共生活的空气中。如果居于统治地位的那一代人的思想、偏好和趣味是极端主义的，并且因而是革命的，那么新的一代人就是反极端主义、反革命的，也就是说，新一代人的心灵是复辟主义的。当然，我们不能把复辟简简单单地理解成"返回古代"，实际上没有哪次复辟是真正返回到古代的。

那一天已经过去了，或者重复过很多次了；布尔什维克主义和法西斯主义就是原始主义。所有那些仅仅是和过去的某个部分展开一场拳斗、而非致力于将之吞食消化的运动，都是如此。

毫无疑问，19世纪的自由主义是必须被超越的。但这正是自认为反自由主义者的人，比如说法西斯主义者所不能做到的。因为做一个反自由主义者或者非自由主义者，是自由主义出现之前的人所做的事。自由主义一俟战胜了反自由主义，便不断地重复它的胜利，要不然大家——自由主义和反自由主义——都会在欧洲的毁灭中完蛋。一条不可逆的生命时间线是存在的。在这条时间线上，自由主义是位于反自由主义之后的，或者换句话说，自由主义比反自由主义拥有更多生命，正如大炮比长矛更配叫做武器。

乍看起来，"反某某"的态度似乎是在这个"某某"之后才有的，因为它的意思是对某某的一种反应，也就意味着"某某"是先行存在的。但是，"反"字所代表的革新终究消失在空洞的否定姿态中，只留下一个"古董"作为肯定的内容。一个人若是宣称自己"反佩德罗"，把他的态度翻译成正面表述的话，他所做的无非是宣称自己支持一个没有佩德罗存在的世界。而这样的状况正发生在佩德罗未降生时的世界。反佩德罗主义者不会把自己放在佩德罗之后，而是会把自己放在他之前，把胶带往回倒，倒回到过去的那个情形，到最后佩德罗必然会再次出现。所有的这些"反"运动经历的情形，恰似那个关于孔夫子的传说：孔夫子自然是生在他父亲之后的；但是，见鬼！孔夫子生下来时已经有八十岁了①，而他的父亲当时才有三十岁。一切的"反"，都不过是一个简单空洞的"无"。

如果仅仅用一个干净利落的"无"就能把过去扫除，那也太简单了。过去在本质上是个revenant②。要是把它赶走，它还会回来，怎么也会回来的。所以，要真正地超越过去，只有留住它，不把它赶走，在行动时参照它，这样才能避开它、免受其害。总之，就是在"时代的高度"上生活，时时敏锐地感知到历史形势的存在。

过去有它自己的道理。如果它的道理不被承认，它会反复要求它的道理得到承认，顺便还会把它不合理的主张强加于人。自由主义是有道理的，不管过了多少年代，我们还是必须承认它。但是，自由主义并非完全有理，那没有理的部分，我们是要将它剔除的。欧洲必须保留它骨子里的自由主义，这正是超越自由主义所必须的条件。

我在这里谈到法西斯主义和布尔什维克主义，对它们只是非正面地触及，仅仅注意到它们脱离时代的一面。在我看来，它们与时代不符的面貌，是与今天一切看似高唱凯歌的势力紧密相连的。因为今天取得胜利的是大众人，因此，只有由他生发出的、里里外外展现出其原始人风格的企图，才有资格庆祝一场表面上的胜利。然而，除此之外，在此我不讨论这两种主义的内在属性，正如我不打算解决革命与进化之间的永恒矛

---

① 在这里，作者很可能把孔子和老子的传说搞混了。
② 英语，意为"归来者"。

盾。本书仅仅主张的是，不管是革命，还是进化，都应是历史的，而不应是脱离时代的。

我在本书中探讨的话题是政治中立的，因为它存在于比政治和政治争论更深的地层里。保守者和激进者，不能说谁比谁更大众，保守与激进之间的区别——不管在哪个时代都仅仅是表面上的差别——并不妨碍他们成为同一种人，也就是说，反叛的庸常之人。

欧洲需要真正活在"当代"的人，这样的人能在内心里感受到历史地层的跃动，能认识到当今生活的高度，并且坚决拒斥一切过时的、野蛮的举动。如果欧洲的命运不掌握在这样的人的手里，欧洲将万劫不复。我们需要完整的历史，不是为了重新坠入过去，而是为了看看我们能否成功地从中逃出。

第十一章 "得意少爷"的时代

概括一下。我们在本书中分析的新的社会现象是这样的：欧洲历史似乎是第一次被放在如此这般的凡庸之人手里，由凡庸之人来决定其走向了。或者我们用主动语态来表达：从前作为被统治者的凡庸之人，现在决定由自己来统治这个世界了。他所代表的这种人类的新品种才刚刚成熟，他就自发地决定跑上前来，站到社会的前台了。如果我们从公共生活的角度来研究一下这种新型的大众人的心理结构的话，可以得出如下结论：第一，他具有一种与生俱来的、根深蒂固的印象，那就是生活是容易的、富足而有余的，没有悲剧性的限制的，因此，每一个中人都在内心中有一种大权在握、大获全胜的感觉。第二，这种感觉促使他肯定自我，让他觉得自己在道德上和智力上都是完美的。这种自我满足感使得他对一切外在的力量都关上大门，不去倾听，不会质疑自己的观点，不会考虑到其他人。受到内心深处大权在握的感觉的鼓舞，他时时要居于支配地位。他的所作所为，看起来好像在这个世界上只有他和他的同类存在似的。第三，正因为如此，他会处处插上一脚，强迫别人接受自己的凡庸意见，没有顾忌，不假思索，不经过渡也毫无保留，也就是说，他采取"直接行动"的方式。

这一连串的描述，让我们想起了某些有缺陷的为人方式，比如"被宠坏的孩子"，比如叛逆的原始人，也就是说，野蛮人（正常的原始人，恰恰相反，是对高于自己的力量——宗教、禁忌、社会传统、习俗——最为顺服的人）。针对这种人类形象，我倾吐了这么多责难之词，读者诸君不要觉得诧异。本书仅仅是针对这种带着胜利气焰的人尝试发起的第一次打击，同时也表明，有一些为数不多的欧洲人，将奋起反抗他们的暴政企图。目前不过是一次尝试性的打击，之后才是深入性的打击，也许很快就会到来，采取另一种很不一样的方式。深入性的打击必定会以一种让大众人措手不及的方式来临，他不会料到，眼前所见的那样一种方式正是深入性的打击。

这样一种人如今无处不在，到处强迫别人接受自己的野蛮本性，他事实上就是人类历史中的那个被宠坏的孩子。被宠坏的孩子是一个仅仅以继承人的方式行事的继承人。现在，要继承的遗产是文明——各种舒适、便利、安全，总之，就是文明的诸般好处。我们已经看到，只有在文明制造的优渥生活中，才会诞生一个具有前文提到的那些特征、受那样一种性格驱使的人。他是奢侈生活造出的诸多人类畸形儿中的一个。我们往往倾向于不切实际地认为，一个诞生在富足而有余环境中的人生要比一个需要不断与贫困匮乏作斗争的人生更为美好、更值得一过、品质更高。但是，现实并非如此，这是很严谨的、极为根本的道理，不过在此我们不展开。现在我们不说这些大道理，想想一个事实就足够了。这一事实是所有世袭贵族的悲剧，总是不断重演。贵族继承的，也就是说，那些归于他名下的，是一整套并非由他自己创造的生活条件，这些东西产生出来，并不能与他的个人生命、他自己的生命达到有机统一。他刚呱呱落地，就一下子被属于他的财富和特权包围起来，并不知道所有这些都是怎么来的。从深层次上说，他和这些财富、这些特权没有半点关系，因为它们并不是由他带来的。它们是另一个人、另一个生命——他的祖辈的巨大甲壳。他不得不作为一个继承人而生活，也就是说，他必须穿戴上另一个生命的甲壳。这该如何是好？一个世袭的"贵族"将要经历什么样的生活，是他自己的生活还是他的先辈伟人的生活？一样都不是。他注定要**代表**另一个人，因此，他既不能成为另一个人，也不能成为自己。他的生命不可避免地失去了真实性，沦为另一个生命的纯粹再现，或者说是另一个生命的假冒版本。他被迫去掌握的富足而有余的资源非但不让他过自己的人生、走自己的路，反而让他的生命陷入萎缩的境地。**一切的人生都是斗争，是为了成为自己而付出的努力。**我为了实现自己的生命而遇到的重重困难，正是唤醒我的能动性和我的能力、将它们调动起来的东西。如果我的身体不给我重压，我就寸步难行。如果大气不给我压力，我就会感到自己的身体变为一团浑浑沌沌、松松垮垮、鬼魂一般的东西。因此，我们能在一个世袭"贵族"的身上看到，因为不动用气力，因为缺乏生命的努力，整个人变得浑浑噩噩，最终就成了那种老贵族特有的蠢笨模样，与其先人没有半点相像。事实上，至今还没有人描述过这种蠢笨模样的悲剧性的内在机制——这种悲剧性的内在机制将所有的世袭贵族带向无可救药的堕落。

说了这么多，只是为了抵制我们惯有的一个天真想法——我们总认为，富足而有余的物资是对生活有利的。事实完全相反。一个可能性富足而有余的世界*会自动生产出严重畸形的人、有缺陷的人——这些人可以统一在"继承之人"这一总体类别之下，"贵族"不过是这一类目的一个特例，"被宠坏的孩子"可以算作另一例，还有一例，更为广泛，更为彻底，那就是我们这个时代的大众人。（另一方面，我们不妨再更为细致地看看之前提到过的"贵族"，我们会发现，一切民族、一切时代的贵族共有的许多特征都能在大众人身上找到，尚处于萌芽状态。比如：倾向于将游戏与体育运动作为生活中最为核心的正经事；精心料理自己的身体——讲卫生，关注衣着之美；在与女性的关系中缺乏浪漫；喜欢与知识分子相交往，但在内心里瞧不起他们，会命令自己的仆役或爪牙鞭打他们；比起允许自由讨论的制度中的生活，更喜欢绝对专制下的生活**，等

---

* 富足而有余，不同于物资的增加或者物资丰盛。在19世纪，生活的便利性大为增长，由此产生了生活的美妙增长——无论是在数量上还是在质量上，我在前文中已经谈到了。但后来发生的情况是，相对于中人的能力而言，文明世界具有了一种过于富足的、盈而有余的面目。举一个例子：看似是由进步（进步，就是生活有利条件的不断增长）提供的安全，使中人道德沦丧，让他具有了一种虚假的、萎缩的、有害无益的信心。

** 在这方面，正如在其他事情上一样，英国贵族似乎是一个例外。英国贵族的例子固然值得钦羡，只需大致勾勒一下英国史，我们就能看到，尽管是个例外，它仍然验证了我们说到的规律。与人们常常所说的相反，英国贵族是欧洲最不"富余"的贵族，比起其他任何一个国家的贵族来说都经历了更为持久的险境。正因为长期生活在险境之中，英国贵族才知道如何让自己得到尊重，并且也做到了让别人来尊重自己——这就意味着长久不歇地保持准备好奋力一战的姿态。我们常常忘记一个基本的

等，等等)。

尽管会让人感到厌烦，我还是要向读者诸君阐明，这样一种充满了粗野倾向的人，这个新出现的野蛮人，是现代文明尤其是19世纪的文明自动生产出来的。他既不像5世纪的"伟大的白种野蛮人"那样，是从外部进入文明世界的，也不像亚里士多德所描述的池中蝌蚪那样，来自于文明世界内部的一种自发的、神秘的生发过程，而是文明世界的自然产物。我们可以提出这样一条定律，这条定律是为古生物学和生物地理学所验证了的：只有当人类拥有的资源和人类面临的问题恰好达到平衡的时候，才会有人类生活的出现和进步。不论是在精神层面，还是在物理层面，这都是一条真理。具体到人类身体存在的层面，人这一物种正是在地球上炎热季节和寒冷季节交替出现的地区萌发的。在热带地区，半兽半人的生物不断退化，而另一方面，低等种族——比如俾格米人——则被在他们后面出生、在进化阶梯上高于他们的种族赶到了热带地区[*]。

如此说来，19世纪的文明是这样的一种性质，让中人可以把自己安置在一个富足而有余的世界里，他只是从这个世界获取到极为丰富的资源，却没有感受到这个世界的痛苦烦恼。环绕他四周的是美妙的工具、有奇效的药物、善于未雨绸缪的

事实：直到18世纪很靠后的年代，英国还一直是西方最穷的国家。正是这样的现实，使得英国贵族得到了拯救。正因为手上的物资有限，他们才不得不从事商贸和工业活动——在欧洲大陆，这不是贵族该从事的活动，也就是说，他们很早就下定决心，过一种有创造性的经济生活，而非依赖着特权生活。

[*] 见奥尔布里希特（Olbricht）《气候与发展》，1923年版。

政府、令人舒适的权利。创造这些药物，发明这些工具，以及确保将来它们可以继续被制造出来，是很艰辛的工作，可他对此浑然不知；他体察不到国家的构成是多么不稳定，对自己的义务几乎毫无意识。这种不平衡扭曲了他作为人的本质，让他成了虚假的人，使他断绝了与生活本质的连接，因为绝对的险境、根本的问题，才是生活的本质。在人类生活中出现的与生活本质最为抵触的形式，就是"志得意满的少爷"。因此，当"得意少爷"成为主宰性的人物时，我们有必要发出警报，宣布人类生活面临退化的危险，也就是说，人类生活有可能迎来相对意义上的死亡。从这个意义上说，今天的欧洲所代表的生活水平高于人类以往的所有时代，但是，如果看看将来的话，我们不禁要担心，欧洲将既不能保持现在的高度，也不能制造出另一个更高的水准，相反，欧洲会倒退，会跌回更低的水平。

我想，这足够能让我们看清"得意少爷"身上体现出的反常怪状了。这是一个抱着"我想干啥就干啥"的态度进入生活的人，这种虚幻想法，实际上往往出现在"家中独子"的头脑里。我们知道这是为什么：在家庭的范围内，一切过失，哪怕是最严重的罪行，事后都可以不受追究。家庭环境相对来讲是人造的，非自然的，很多行为若是发生在一家之内，可以得到宽容，但要是发生在社会上，发生在露天街头，则必然会给肇事者带来灾难性的、不可避免的后果。然而，"少爷"总认为自己在家外可以和在家里一样地行事，在他看来没有什么是命中注定的、不可避免的、不可改变的。所以，他觉得自己可以"想干啥就干啥"*。大错特错了！正如在一个葡萄牙故事里，有人对那只鹦鹉说的：Vossa mercê irá a onde o levem.①不是说一个人不**应当**做他想做的事情，而是说，一个人只能做他**必须**要做、非做不可的事。唯一的选择只能是拒绝做他必须要做的事，但是，这并不意味着他可以随着性子干另外的事。在这点上，我们仅仅拥有一种否定式的意志自由——不欲（noluntad）。我们完全可以放弃我们最为真实的命运，但如此一来，我们就只能在自身命运的底层中苦苦挣扎。我无法根据每一位读者的个人命运向每一位读者证实这一点，因为我并不了解每一位读者，但是，每个人的命运中总有一些方面是与其他人类似的，在这些地方证实上述说法，还是可以做到的。举例来说：今天所有的欧洲人都知道，一个生活在现时代的欧洲人**必须**是自由主义者，比起他们声明的"意见"和"主张"来，他们对这一点更为确信无疑。我们在此不讨论欧洲人必须是什么样的自由主义者，是这种自由主义还是那种自由主义。我要说的是，就连最为反动的欧洲人也在内心深处知道，欧洲在上个世纪努力尝试的、冠之以"自由主义"之名的这样东西，归根结底是不可避免的、无法阻止的，今天的西方人不管自己是否情愿，都必然是自由主义者。

---

* 家庭之于社会，往大处说就相当于国家之于国际。如今风头正盛的"少爷主义"最明显、最宏大的表现方式之一，就是某些国家在国际社会中恣意决定"想干啥就干啥"。它们将这样的姿态天真地称为"民族主义"。我是反对那种对国际主义盲目追随的态度的，但另一方面，这些不成熟的国家一时表现出的"少爷主义"，在我看来是粗俗不堪的。

① 葡萄牙语，意为"您只能去您被带往的地方"。

政治自由已经被铭刻在欧洲的命运之中了，这是一种不可抗的指令。尽管有人可以凭借无可反驳的事实来证明，迄今为止，所有尝试履行这种指令的具体做法都是虚假的、令人遗憾的，至少这条说法还是站得住脚的：在19世纪，政治自由主义在**本质**上是正确的。这一事实体现在欧洲的共产主义者和法西斯主义者身上，尽管他们做出种种姿态来劝我们也劝他们自己相信另一种与之相反的事实。这一事实同样也体现在最为忠诚地恪守《提要》①的天主教教徒身上，不管他们是喜欢它还是不喜欢它，是相信它还是不相信它*。所有人都"知道"，尽管存在着对自由主义运动的种种合理的批判，自由主义仍然是不可驳倒的真理，这条真理不是理论的、科学的、知识的真理，它存在于一个完全不同的、更具决定性意义的层面——也

---

① 此处的《提要》(*Syllabus*) 指的是教皇庇护九世在1864年颁布的一份文件，该文件罗列了八十条应受谴责的"时代谬误"，是天主教会对现代思想发起的一次抨击。
* 一个人若是像哥白尼那样**相信**太阳并不是落到地平线之下的，仍然会**看到**它落到地平线之下。因为"看到"就意味着一个原初的"信"，他仍会**相信**，太阳是落到地平线之下的，只不过他的科学**信仰**一直在抑制他的原初之**信**、自发之**信**发挥效用。同样地，持有教条式信仰的天主教教徒会否定他自己的、**真正**的自由主义信仰。我在此举天主教教徒的例子，只是为了说明我的观点，而我对我们这个时代的大众人、对"得意少爷"的痛斥，并不适用于我提到的这种天主教教徒。两者之间仅有一点共通。我对"得意少爷"的批评，在于他几乎整个身上的真实性的缺失，而天主教教徒只在他身上的某些方面缺乏真实性。这种片面的相似还仅仅是表面上的。天主教教徒是一个现代人，不管他喜欢还是不喜欢做现代人。他在他身上的某一点上是不真实的，**因为**他想忠于他身上的另一个能发挥效力的方面，那就是他的宗教信仰。这意味着他的命运在本质上是悲剧性的。他在接受这一非真实性的部分时，履行了他的责任。而"得意少爷"则是轻浮之徒，他逃避自己、逃避一切，为的就是避免一切悲剧。

就是说，这是命定的真理。理论的真理不仅是可讨论的，它们所有的意义和力量就存在于被讨论的过程中；它们诞生于讨论之中，存活于讨论之中，它们**仅仅是**为讨论而生的。但是，命运——生命中必然会怎样，或者不必然会怎样——不是能拿来讨论的，命运只有被接受或者不被接受。如果我们接受了命运，我们就是真实的；如果我们不接受命运，我们就成了我们自己的否定版本、假冒版本＊。命运不在于我们凭自己的喜好行事；当我们意识到我们**不得不**做我们不喜欢的事情时，命运才显示出它清晰的、严厉的面目。

"得意少爷"的一大特征就在于，他"知道"有一些事情是不可能的，但是，也正因为如此，他会以话语和行动来假装自己对这些事情深信不疑。法西斯主义者采取行动反对政治自由，恰恰是因为他知道，长久来看，政治自由是不会真正缺席的，它一直在那里，无法回避，存在于欧洲生活的本质中；在真正严肃的时刻到来时，在真正需要它的时候，它必定会重焕生机。大众人生活的主要基调，就是不严肃，就是"玩笑"。他们所有的行动都缺乏必然如此的意味，就像"家中独子"在调皮捣蛋。他们急急忙忙地在生活的各个领域都装出一副悲情的、决绝的、果断的态度，这一切只不过是表象。他们把悲剧当游戏，因为他们相信，文明世界正在发生的悲剧不是真的。

＊ 自我贬低，自甘堕落，正是那种拒绝成为命定之人的人所采取的生活方式。他的真正的生命并没有因此消亡，而是变成了一个会发出控诉之词的幻影，一个幽灵，让他时时感受到，他的苟活之生比起他命定的人生来，是低劣的。一个自甘堕落的人，是苟活的自杀者。

如果我们不得不把一个人试图展现给我们看的样子当成是他真正的自我，我们往往会觉得自己受到了愚弄。如果有人坚持说他相信二加二等于五，并且我们没有理由认为他是疯子，我们就应当肯定，他并不相信自己所说的，不管他怎样地信誓旦旦，哪怕他可以为了坚持这一观点而任由自己被人杀掉。

一阵虚假把戏的狂风正在掠过欧洲的大地。他们采取和宣示的立场，几乎统统都是假的。他们所做的唯一的努力，其目的就在于逃避自己的命运，在命运的明证前蒙起眼睛，在命运的深沉召唤下捂住耳朵，竭力避免与"必须成为的那个"相对照。他们以搞笑的方式生活，脸上的面具越是显得伤悲，他们的生活就越是搞笑。只要是人们带着没有什么是非如此不可的态度生活的地方，就可以听到搞笑之声。大众人不把他的脚踩在自己命运的不可移动的坚实土地上，他情愿悬浮在空中，过虚假的生活。我们从没有看到过像今天这样的景象：这些没有重量、没有根基的生命——他们被拔除了他们的命运之根——任由自己被最轻微的潮流带走。如今是一个"潮流"时代，是"随波逐流"的时代。在艺术上、思想上、政治上和社会习俗方面都刮起了浅薄的旋风，几乎没有人对此加以抵挡。因此，修辞术获得了前所未有的繁荣。超现实主义者认为，当他在以往别的作家写下"茉莉花、天鹅、女妖"的地方用了一个新词（这个词在此没必要写出来）时，他就超越了整个文学史了。当然，他所做的无非是把另一个一直躺在厕所角落里的修辞挖掘出来了而已。

如今的情形尽管有它的特殊性，看一看它和历史上其他时代的相似之处，还是有助于我们看清它的面目的。当地中海文明刚刚到达它的顶峰时——约在公元前3世纪——犬儒学派出现了。第欧根尼穿着他沾满烂泥的鞋子肆意踩踏阿瑞斯提普斯的地毯。犬儒主义者喜欢群聚，出现在每一个角落，每一个制高点。犬儒主义者别的不干，只会破坏当时的文明。他是古希腊哲学中的虚无主义者。他什么也没有创造，什么也没有做。他承担的角色仅仅是拆台者，更确切地说，是企图拆台的人，因为他也没有达到他的目的。犬儒主义者是文明的寄生虫，他就是靠否定文明而生活的，因为他坚信文明是不会垮掉的。一个犬儒主义者要是生活在一个野蛮人的部落里，在那里所有人自然而然都真正在做他虚假地认为是属于自己个人角色的事情，那么他还能做什么？一个法西斯主义者要是不再对自由加以污蔑，他还是法西斯主义者吗？一个超现实主义者要是不再对着艺术发假誓，他还是超现实主义者吗？

　　这种人不可能有别的行为方式了。他生在一个组织得过于完美的世界，他从这个世界得到的只有福利，没有危险。整个环境都在宠他惯他，因为这就是"文明"——也就是说，是一个家，在"家中独子"的感知中，没有什么可以让他摆脱任性脾气，也没有什么能激发他听从于高于自己的外在力量，更别提有什么能迫使他认识到自己不可逃避的深刻命运了。

第十二章 "专门化"的野蛮

本书的论点是，19世纪的文明自动生产出了大众人。在结束对他的全面描述之前，我们还应当分析一下产生大众人的机制。这样的话，我们的论点就更为切中要害，更有说服力了。

我曾经说过，19世纪的文明可以总结为两个比较大的方面：自由式民主和技术。现在我们只说后面一个。当代技术诞生于资本主义与实验科学的结合。不是所有的技术都是科学的技术。在旧石器时代制作出燧石斧头的人是没有科学知识的，但他还是创制了一种技术。中国人曾达到过一个很高的技术水平，但他们丝毫没有想到过物理学的存在。只有欧洲的现代技术才是扎根于科学的，它的特性即由此科学之根而来，它因而具有无限进步的可能。其他地方其他时代的技术——美索不达米亚的、尼罗河流域的、古希腊的、古罗马的、东方的——也曾取得过发展，它们都延展到某一个再也无法逾越的点，一旦到达这个点，它们就开始往回走，走向令人惋惜的退化。

这奇迹般的西方科技，让欧洲人奇迹般的大规模繁衍成为了可能。我们可以回想一下本书开头提到的那组数据，正如我已经指出的，之后的那些思想观点都是由此萌发的。从公元

6世纪到1800年，欧洲的人口从没有超过一亿八千万。从1800年到1914年，欧洲人口跃升至四亿六千万多。这一飞跃在人类历史上是前所未有的。毫无疑问，技术——与自由式民主一道——造出了为数众多的大众人，这是从"大众人"的数量意义上来讲的。本书想证明的是，质量意义上的、贬义的"大众人"，也是由技术造就的。

我在一开始就指出过，"大众"不应当仅仅被理解成工人群体；大众指的不是哪个社会阶级，而是今天人的一个种类、一种存在方式，这样的人在如今所有的社会阶级中都能找到，这样的人也因此代表了我们这个时代，他主导着、统治着这个时代。接下来，我们就来看看这一点，事实是再清楚不过的。

今天是谁在操纵社会权力？是谁在把他的精神结构强加在时代背景之上？毫无疑问，是资产阶级。那么，在资产阶级之中，哪些人是被看成上流集团、被视为当今贵族的呢？毫无疑问，是掌握技术的人：工程师、医生、金融家、教师，等等，等等。在有技术的人里面，又是什么人可以成为这一群体最杰出、最纯粹的代表呢？毫无疑问，是从事科学研究的人。假使有个外星人造访欧洲，想对欧洲做一个总体判断，向欧洲发问：你最希望自己由你的哪一类人来代表？欧洲肯定会欣慰地、满怀信心地指一指它的那些科学家。当然，外星人问的不是单个的、特殊的人，他寻找的是规律，是"科学人"这一普遍类型，这类人是欧洲人的巅峰。

既然如此，那么今天的科学人就是大众人的原型。这不是出于偶然，也不是出于每个科学人的个人缺陷，而是因为，正是作为文明根基的科学把科学人自动变成了大众人；也就是说，科学把科学人变成了一个原始人、一个现代的野蛮人。

这一事实已经广为人知，已经无数次得到证明，不过，只有被连接到本书的机体之中，它才能获得最完满的意义，显示出它的分量。

实验科学肇始于16世纪末（伽利略），定形于17世纪末（牛顿），从18世纪中叶起开始发展。一样东西的发展与其形成是两回事，遵循的是不同的条件。物理学是实验科学的统称，这门科学的形成，需要人们做出一种整合的努力。这就是牛顿及其同时代人所做的工作。但是，物理学的发展则意味着一项其性质与整合完全相反的工作。科学要取得进步，就需要从事科学研究的人走向专门化。是科学人要专门化，而不是科学本身要专门化。科学不是专门主义的，要不然就不是真正的科学了。经验科学同样如此，如果将它与数学、逻辑学和哲学相脱离，再看它的整体，它就不再是真正的科学了。但是，科学工作必须是、必然是专门化的。

如果可以为物理科学和生物科学书写一部历史，展示一下研究者的工作越来越专门化的过程，会是非常有趣的，而且会比它第一眼看上去的样子更为有用。这样的历史会让我们看到，科学人是如何一代接一代地限制自己、幽闭自己，把自己局限在一块越来越狭小的知识领地里的。但是，这还不是这部历史要向我们展示的重点所在，重点在于这一问题的反面：出于缩小自己的研究范围的需要，科学家们是如何一代接一代地逐渐失去了与科学其他部分的联系的，他们不再去对宇宙做出整体性的解释，而只有对宇宙的整体性解释，才配得上科学、文化、欧洲文明这几个名字。

专门化恰恰是在一个把文明人称为"百科全书式"人物的时代开始的。19世纪是在一群过着百科全书式生活的人的引领下走上其命运之路的，而此时它的生产已经具备了一种专门化的性质了。到了接下来的一代人那里，天平已经朝另一端倾斜了，在每一个科学人的身上，专门性开始将整体文化排挤出去。到了1890年，第三代人开始成为欧洲知识界的主宰时，我们看到的是一种史无前例的科学家。他们是这样的一种人：在一个人要成为审慎之人而必须掌握的所有知识里，他仅仅知道某一门特定的科学，而在这门科学里，他了解得比较清楚的也只是他积极研究的那一小部分。他甚至宣称，对自己专门耕种的那一小块土地之外的一切都一无所知，是一种美德，而对知识的整体抱有好奇心的态度，则被他称为"业余"[1]。

事实上，他将自己限制在他的那一方狭窄视野里，确实成功地发现了一些新东西，让那门他并不了解其全貌的科学获得了新进展，而他故意不想去了解的人类思想的百科全书，也随之又往前推进了一些。这样的事是如何成为可能的呢？在此应当强调一下这个荒唐而又不可否认的事实：实验科学的进步，很大程度上是由一群异常平庸的人甚至比平庸还不及的人努力推动的。也就是说，作为当今文明的根基和象征的现代科学在

---

[1] 此处"业余"在原文中对应的词为"dilettantismo"，指的是未经过专门训练而对某一种艺术或某一门知识保持爱好的行为，近似于中文口语中所说的"玩票"。

自己的领地内给智力平庸的人提供了安身之所，让他获得成功。造成这一事实的原因，就是机械化。对于新科学和由新科学引领、代表的整个文明来说，机械化既是最大的优点，也是最大的威胁。物理学和生物学研究中的很大一部分工作是比较机械的思维劳动，这样的工作，任何一个人或者说几乎任何一个人都可以做。对于许许多多的研究来说，要取得成果，可以把科学分割成各个细小的片区，然后研究者就钻入自己的那个片区里，不理会其他片区了。方法的可靠性和精确性，准许了科学知识的这种有实效的临时解体。这些方法使用起来就如同操作机器，要取得丰硕的成果，甚至都没有必要事先对这些方法的意义和基础知识做细致的了解。就这样，大部分科学家都是把自己关在实验室的小房间里推动科学的总体进步的，宛如在蜂房里劳作的蜜蜂，或是在囚禁自己的轮子里奔跑不歇的转叉狗①。

这就造就了一群特别奇怪的人。一个在自然科学研究中有了新发现的人，必定会感觉到自己大权在握、信心十足。他有某种显而易见的理由认为自己是一个"有知识的人"。在他身上确实有一点东西，这点东西要和其他一些在他身上没有的东西一起，才构成真正的"知识"。这就是专家的实质，在本世纪最初的这些年，这样的人大为膨胀，达到了最狂热的程度。对于自己在宇宙中的那一小方角落，专家是知道得很清楚的；但是，对于除此之外的一切，他是全然不知的。

---

① 古代欧洲人曾训练犬类在一种与烤肉架相连的轮圈上走动，以此带动烤肉叉转动，替代人力。

我已经多次尝试从不同方面来定义这种新出现的奇特之人了，在这里我们看到的就是一个绝佳例证。我说过，在整个的历史上，这种类型的人是绝无仅有的。在专家身上，我们看到了这种类型的具体轮廓，看清了这种新人的本质。在以往，人可以简单地分成有知者和无知者，分成多少有点知识的人和差不多一无所知的人。但是，专家是不能归入这两类中的任一类的。他不算有知者，因为对于自己专业以外的一切，他一无所知；但他也不算无知者，因为他是"科学人"，对于他在宇宙中占据的那一小块地盘，他是了如指掌的。应该说，他是一个有知识的无知者，这可不是开玩笑，这么说的意思是，这位先生在所有他不了解的问题上都会有所作为，表现得不像一个无知者，而是显示出一个对自己的专门问题无所不知的人所特有的那种傲慢姿态。

事实上，这就是专家的做法。在政治、艺术、社会习俗及其他学科方面，他都采取原始人的、愚昧无知者的态度，并且表现得精力旺盛、自满自足，不肯接受这些领域的专家的意见——这一点是极为矛盾的。文明让他成为专家，让他成为一个封闭的、在自己的界限之内自我满足的人；可是，正是内心里这种大权在握、身价不菲的感觉，促使他逾越边界，想要在自己专业之外的领域也称王称霸。因此，虽然他代表的是有资质之人的巅峰——专家，是站在与大众人相反一端的顶点的，可是在生活的几乎所有领域，他都表现得像那些没有资质的人，与大众人无异。

我的警告并不是空妄的。只要抬头看看，就能发现，今天的"科学人",以及他们身后的医生、工程师、金融家、教师,等等,所有这些人在政治、艺术、宗教以及生活和世界的一般问题上所做的思考、所下的判断、所采取的行动,愚蠢到了什么地步。我已经一再指出,"不予倾听"、对更高一级的力量不予服从,是大众人身上特有的品质,这种特质正是在这些部分地拥有资质的人的身上发展到了顶点。他们象征着,也在很大程度上构成了今天大众的全面统治,他们的野蛮,是欧洲道德沦丧的最直接的原因。

另一方面,他们也成为了这样一个事实的最清楚、最准确的例证:上一个世纪的文明,**任由它自己的倾向所导引**,催生了这股原始主义与野蛮的回潮。

这种失衡的专门主义所导致的最直接的后果就是,今天"科学人"的数量比以往任何一个时候都多,而"有文化的人"却要比以往少很多——比如,与1750年前后相比而言。更糟糕的一点是,当科学由这些转叉狗来推动时,科学的实质性进步也不能保证了。因为科学时不时就需要来一次重构,这是它自身成长所必需的调节机制,而科学的重构,正如我之前所说,需要一种整合的努力,这种工作越来越难,涉及知识总体里越来越广的区域。牛顿可以在对哲学不甚了解的情况下创制他的物理学体系,而爱因斯坦就必须先在脑子里塞满康德和马赫*,然后再集大成。康德和马赫——这两个名字只是代表

---

* 恩斯特·马赫(Ernst Mach, 1838—1916),奥地利-捷克物理学家、哲学家。

了对爱因斯坦产生影响的诸多哲学和心理学思想——起到了为爱因斯坦**解放**思想的作用,他们为爱因斯坦的创新开辟了通道。但是,单靠爱因斯坦是不够的。如今的物理学陷入到其有史以来最深刻的危机当中,能拯救它的,只能是一种新的、比最初的百科全书式思想更具体系的百科全书式思想。

专门主义在一个世纪的时间里使实验科学的进步成为了可能,现在,它面对的是一个新的阶段,在这个新阶段中,如果没有更出色的一代人为它建造一台功效更强的烤肉炉的话,它是无法自行向前发展的。

但是,如果专家对他所精心耕耘的那门科学的内在生理机制不了解的话,对于这门科学的延续所需要的历史条件——也就是说,社会和人的心灵应当如何组织起来,才能让研究者继续源源不断地产生——他就更为彻底地不知晓了。我已在前文中指出,这些年来,有志从事科学研究的人是越来越少了。对于所有清楚地知道何为文明的人来说,这是一个令人不安的征兆。而作为我们现代文明巅峰的"科学人",往往是不知文明为何物的。他也相信,文明"就在那里",如此而已,就像大地的地壳,就像原始丛林。

第十三章　最大的威胁——国家

在一个良好的公共事务秩序中，大众是不能单凭自己行动的。这是大众的使命。他来到这个世界上，为的是被领导、被影响、被代表、被组织——甚而至于为了不再做大众，或者至少以此为目标。但是，他来到这个世界，不是单凭自己的力量做所有这些事情的。他必须把自己的生命与更高的层级连接起来，这更高的层级是由优秀少数人所构成的。这些优秀之人究竟是哪些人，我们尽可以去争论，但是，不容置疑的是，要是没有这些人——不管是这样的一些人还是那样的一些人——人类生活最为本质的部分就无法继续存在了，而在整整一个世纪当中，欧洲一直就像鸵鸟那样把头埋在翅膀下面，不愿直视如此明显的事实。我们在此提出的，不是一个建立在某种经常出现、具有一定可能性的事实基础之上的观点，而是建立在一条社会"物理学"定律基础之上的观点，这一定律要比牛顿的物理学定律更为坚实稳固。等到一种真正的哲学重新在欧洲确立统治的时候*——这是唯一能拯救欧洲的东

---

*　要让哲学取得统治地位，并没有必要像柏拉图最初设想的那样让哲学家来当君王，也没有必要让君王们学会哲学思考——这是他后来提出的更为谦逊的想法。这两种想法，无论哪一种，一旦实行，都会造成极大的灾难。要让哲学取得统治地位，只需要让哲学存在就行了，也就是说，

西，人们才会再次意识到，无论情愿与否，人终归是一种在本质上被迫去寻找更高级的力量的生物。如果他能单凭自己的力量找到更高级的力量，那是因为他是一个优秀之人；否则，他就是一个大众人，需要从前者那里接受更高级力量的统治。

大众试图单凭自己的力量采取行动，是反叛自身命运之举，正因为现在的大众就在做这样的事情，我才会说"大众的反叛"。因为归根结底，唯一的真正可以被称为"反叛"的行为，就是每个人不接受自己的命运，对自身发起反叛。事实上，如果天使路西法不是坚持要做上帝——这不是他的本命——而是执着地要做天使中最低级的那一个——这也不是他的本命，那么这后一种做法的反叛意味并不比前一种来得更少。（假如路西法是俄国人，像托尔斯泰那样，也许他会倾向于选择后一种反叛方式，这和前一种更为著名的反叛方式是一样地违逆上帝的。）

当大众单凭自己的力量行事时，行动的方式别无选择，仅此一种：私刑。"林奇之法"源自美国[①]，这不完全是偶然的，因为从某种程度上说，美国正是大众的天堂。当大众取得胜利

让哲学家做哲学家，就行了。从差不多一个世纪之前开始，哲学家们就不好好做哲学家了——他们做政治家，做教育家，做文学家，做科学家，就是不做哲学家。

[①] 西班牙语中的"linchar"（动用私刑）一词来自英语单词"lynch"。美国独立战争期间，一位名叫查尔斯·林奇（Charles Lynch）的民兵军官不按法律程序，自作主张处决了一批被指控忠于英国王室的犯人，后来他的名字就被用来指私刑。

时，暴力也取得了胜利，并且暴力成为了唯一的ratio[①]，唯一的信条，这也没什么好奇怪的。很长一段时间以前，我就在提请人们注意了：暴力正在发展成为一种准则[*]。今天，它已经发展到巅峰状态，这是一个好的预兆，因为这意味着它即将自动开始走下坡路了。今天，暴力成了时代的修辞；对暴力加以赞同的，是言之无物的修辞学家。当一种人类现实完结了它的历史，没入海平面之下，终于死去的时候，海浪会把它倾吐在修辞的海滩上，它的尸体会在那里长存。修辞是人类现实的坟墓；要说得好听点，也不过是人类现实的养老院。现实死亡之后，它的名字依然存在，虽则只是语词，语词毕竟是语词，总归是保留了一点残存的魔力的。

不过，即使我们无法否认，作为一种草草创立的准则，暴力的威望可能已经开始衰退，我们仍将生活在暴力的统治之下，尽管它会换一种方式继续存在。

我指的是今天欧洲文明面对的那个最大的威胁。和威胁这一文明的所有其他危险因素一样，这一危险因素诞生于欧洲文明自身。它甚至是文明引以为豪的一项成果，这就是现代国家。这和我们在前一章中谈到的科学的情形是很类似的：它的原则极为丰富繁多，促成它的美妙进步，而进步则不可避免地要求专门化，专门化则有可能让科学窒息毙命。

国家（Estado）也会经历同样的情形。

[①] ratio，拉丁语，意为"理由"。
[*] 见《没有主心骨的西班牙》1921年第一版。（《全集》第3卷，第465页）

我们来回想一下，在18世纪末的时候，欧洲各个民族建立的国家是什么样子的。简直微不足道！最早的资本主义，以及让新的技术、理性化的技术第一次大获成功的资本主义工业组织形式，造就了社会的第一次增长。一个新的社会阶级出现了，它在数量上和实力上都要胜过之前存在的所有阶级：这就是资产阶级。这个自私吝啬的阶级尤其拥有一样宝物：才干，实用的才干。它懂得如何指挥调度、制定规则，懂得如何让自己的努力前后相继、保持延续性。"国家之船"就在资产阶级的海洋中乘风破浪，经历险象环生的航程。国家之船是一个被资产阶级再造了的比喻，资产阶级自觉如海洋般宽广，无所不能，有本事制造狂风暴雨。这艘船是微不足道的；它几乎没有士兵，没有官员，没有资金。它是在中世纪的时候被制造出来的，造就它的人是一群和资产阶级很不一样的人：贵族，也就是说，一群因为自身的勇气、领导才能和责任感而令人肃然起敬的人。要是没有他们，欧洲的民族国家就不存在了。但是，尽管在心灵上有着诸多优点，贵族们一直是在脑力上乏善可陈的。他们不是用脑子而是用心灵生活的。他们智力有限，多愁善感，仰赖本能和直觉行事，总之，他们是"非理性"的。因此，他们不能发展出任何技术，技术是要求理性化思维的。他们没有发明火药。他们耐心承受磨难。他们没有能力创制新式武器，同时任由资产阶级使用从东方或别的地方拿来的火药，就这样，在战场上，资产阶级自然而然地打败了贵族武士，战胜了"骑士"——骑士愚蠢地将自己包裹在铁甲之中，交战时几乎动弹不得，他从未想到过，在战争中获胜的永恒秘诀不在于防御手段，而更多是在于进攻手段（这个秘诀后来为拿破仑重新发现)*。

既然国家是一种技术，公共管理层面上的技术，到了18世纪末，在一个庞大、骚动的社会的全面打击下，"旧制度"之下的国家已经羸弱不堪。国家力量和社会力量之间形成了严重的不对等，如此一来，和查理大帝时代的情形相比，18世纪的国家就是一种大倒退了。查理大帝建立的国家自然要比路易十六治下的国家弱得多，但环绕在前者周围的社会是没有什么力量的**。社会力量和公共权力之间拉开的巨大差距，使得大革命以及后续的直至1848年终止的多次革命成为了可能。

于是，资产阶级通过革命掌握了公共权力，将他们的无可

---

*　兰克为资产阶级取代贵族占据统治地位的巨大历史变化勾勒了这一简明的图像，不过，显而易见的是，这一象征性、概要式的事实还需要加添不少东西才能达到真正的完整。火药在没有历史记载的年代里就已经为人所知了。后来在伦巴第，有人发明了装填火药的管子。即便如此，在金属浇铸的炮弹发明出来之前，火药还没有真正发挥效能。"贵族"们只是小规模地使用火器，但实在是代价昂贵。只有在经济上规划得更出色的资产阶级军队才得以大规模地使用火器。无论如何，由中世纪性质的勃艮第军队所代表的贵族，确确实实是被瑞士人组成的新式军队彻底击败了，这支新式军队不是由职业军人而是由资产阶级组成的。他们最根本的力量来自于新的纪律和新的理性化战术。

**　在此有必要指出，在欧洲的君主专制时代，国家都是很弱的。如何理解这一点呢？当时，社会已经开始发展壮大了。既然国家是无所不能的，"绝对专制"的，为什么它不能让自己也变得更强大呢？原因之一我们已经指出了：世袭贵族在技术、理性思维和官僚管理体制等方面是无能的。但这还不是全部。在专制国家出现了这样的状况：**贵族不愿以牺牲社会为代价来壮大国家**。与人们所认为的恰恰相反，专制国家出于本能地对社会保持尊重，而我们今天的民主国家虽然更有智慧，却不如前者那般尊重社会，也不具备那么强的历史责任感。

否认的优势运用于国家，只用了一代人的时间，便创造了一个强大的国家，这个国家终结了革命。从1848年开始，也就是说，从资产阶级政府的第二代诞生伊始，在欧洲就没有真正的革命了。这并不是因为缺少革命的动因，而是因为革命没有了手段，因为公共权力和社会权力平齐了。"永别了，革命！"在欧洲唯有可能发生的只有革命的对立面：政变。后来的一切看似革命的举动都不过是戴上面具的政变。

在我们这个时代，国家已经成了一台威力巨大、功能神奇的机器；它拥有多样而精确的手段，能达到极高的效率。它矗立在社会之中，只需轻触一个按钮，它的机械巨臂就能转动起来，以雷霆万钧之势作用于社会躯体上的任何一个部分。

当代国家是文明的最显眼、最广为人知的产品。观察一下大众人在它面前采取的是什么样的姿态，会是很有趣、很具启发意义的。他看到了它，尊崇它，知道它**在那里**，为他的生活提供保障；但是，他并没有意识到，当代国家是一项人的创造物，是由某些人发明出来的，是由过去的人所具有的某些优秀品质和他们提出的假设来维持的，随时有可能烟消云散、变成一场空。另一方面，大众人将国家视为一种无名的权力，正因为他觉得自己也是无名之辈——庸常之人，他就以为国家是他的所有物。我们想象一下，在某国的公共生活中突然发生了一场灾祸，或是冲突，或是危机，大众人就会要求国家立即应对，直接负责，动用它强大得无可比拟的手段来解决问题。

这就是今天文明面临的最大威胁：生活的国家化，国家出手干预，社会的所有自发性力量都统统被国家吸走；也就是说，历史自发动力的丧失，而在根本上维持着人类命运、给其营养、推动其前行的，正是历史的自发动力。当大众感到自己遭受不幸，或者仅仅是生发出某种强烈的渴望时，这种长久的、稳固的、一切唾手可得的可能性对他来说就成了巨大的诱惑——不用付出艰辛努力，无需斗争，无需质疑，也没有风险，只消轻触按钮，让这台强大的机器运转起来就行。大众自己对自己说："国家即是本人"，这完全是一个错误。如果说国家即是大众，那就好比说，两个人之所以是一模一样的，只是因为他们俩都不叫胡安。当代国家和大众只在一点上是一样的：他们都是无名氏。但问题是，大众人真的认定自己就是国家，越来越倾向于随便找一个借口就开动这台机器，借助这台机器来压制所有妨碍他的有创造力的少数派——不管是在哪个层面上妨碍了他，政治上也好，思想上也好，工业生产上也好，一概强力压制。

这种倾向导致的后果将是灾难性的。社会的自发动力会一次又一次地遭到国家干预的破坏；没有哪个新种子能最终结出果实来。社会将不得不为了国家而存在，人不得不为了政府机器而生活。而国家终究只是一台机器，它要存活运转下去，必须依靠供给它养料的周遭生命。在吸干了社会的骨髓之后，国家就会形销骨立，半死不活，像所有报废的机器那样落得一身锈迹，比一个死去的有机体还要可怖骇人。

这就是古代文明令人叹息的命运。尤利乌斯家族和克劳狄乌斯家族共同创建的帝国无疑是一架宏伟的机器，由贵族后裔们所维系的古老共和国根本没法与之相比。但奇怪的是，当帝国达到全盛时，社会机体就开始衰竭了。到了公元2世纪的安东尼王朝时期，国家死气沉沉地将社会压在身下。社会开始成为国家的奴隶，它要存活下去，除了**为国家服务**之外，别无选择。整个的生活都官僚制度化了。接下来呢？生活的官僚制度化造成了它在各个层面上的绝对衰退。财富减少了，女人们不怎么生育了。于是，国家为了贴补它自身的需求，进一步加强了生活的官僚制度化。这第二阶段的官僚制度化，就是社会的军事化。国家最紧要的东西，是它的军事机器，也就是说，军队。国家首先是提供安全保障的（不要忘了，大众人就是从国家提供的安全保障中诞生的）。因此，军队优先。来自非洲的塞维鲁家族将一切都军事化了。完全是无用功！穷困与日俱增，女人们的子宫越发贫乏，到后来连兵丁也不够了。塞维鲁王朝之后，罗马军队不得不在外国人当中募集兵员了。

现在，读者诸君能看清国家主义的发展全程了吧？这个过程是矛盾的、悲剧性的。社会为了更好地生存，创造了国家这个工具。接下来，国家反客为主，社会不得不开始为国家服务[*]。但此时的国家无论如何还是由这个社会的人所构成的。不久之后，单靠这些人就不足以维持住国家了，于是不得不叫外国人来帮忙；先是达尔马提亚人，然后是日耳曼人。这些外

---

[*] 不妨想一想塞普蒂米乌斯·塞维鲁给他的儿子们留下的遗嘱："你们要齐心合力，要给士兵们发足军饷，其他人就不用管了。"

国人成了国家的主人，而社会的其余部分，也就是说，罗马的原有居民，就沦为了这些和他们没有什么干系的外国人的奴隶。国家干预导致这样的后果：人民变成了国家这架庞大机器的燃料。包裹骨架的血肉，反为骨架所吞噬。脚手架成了房屋的住客和主人。

明白了这些，再来听听墨索里尼的那句话，就不能不有一点惊恐的感觉了。墨索里尼高调宣称："**国家即是一切，国家拥有一切，一切为了国家**"，仿佛这是在意大利发现的一条伟大真理。这件事足以让我们认清，法西斯主义是一场典型的大众运动。墨索里尼接到手上的是一个建设得令人赞美的国家，这个国家不是他创建的，而恰恰是由他反对的力量和思想所建造起来的：自由式民主，才是它真正的建设者。墨索里尼不过是肆无忌惮地利用了国家而已。我暂且不对他的所作所为做详细评价，但无可争议的是，目前为止他取得的成就，是无法和自由主义国家在政治管理上所取得的成就相比拟的。如果说他有一点点成绩的话，那也是微小的、不显眼的、没有多大实质性意义的，无法补偿非正常力量的积聚所带来的祸害。正是这些非正常力量允许他把国家机器的功能发挥到极致。

当暴力和直接行动成为准则时，国家主义就成了暴力和直接行动所能采取的最高级行式。藉由国家这台无名机器，大众可以自作主张地行动了。

现在，欧洲各国正迎来一个困难重重的时代，面对着极为棘手的经济问题、法律问题和公共管理问题。我们怎能不担心，在大众的统治下，国家会开始着手打压个人和群体的独立性，将未来彻底扼杀呢？

如果要给这种机制找出一个具体例证，我们可以举出近三十年来最令人担忧的现象之一：在所有的国家，警察的力量都大为增长。这是社会增长的必需。今天的大城市居民要太平无事地出门上班营业，必然需要警察来疏导交通。不管这一事实是多么的寻常，我们还是应当注意到它背后隐藏的可怕悖论。遵守"秩序"的良民们天真地认为，这些"维护公共秩序的力量"既然是为维护秩序所设，就只会满足于推行守法良民们所要的那个秩序。然而，不可避免的是，这些维护公共秩序的力量最终会自行制定他们要推行的秩序，这样的秩序，自然只会是对他们有利的那一种了。

在此既然提到了这个例子，我们不妨再来看看，面对同一种社会需求，不同的社会会有怎样不同的反应。1800年前后，新式工业开始造就一种新人——产业工人，这种人要比传统类型的人更容易作奸犯科，法国为此紧急创建了一支数量庞大的警察队伍。1810年前后，在英国，出于同样的原因，犯罪率开始飙升，英国人同样也意识到，他们没有警察。此时是保守党执政。怎么办？创建一支警察队伍吗？完全不是。不管犯罪猖獗到何种地步，英国人宁可选择忍耐。"人们给无序腾出位子来，视之为自由的代价。""在巴黎"，约翰·威廉·沃德[①]

[①] 约翰·威廉·沃德（John William Ward，1781—1833），英国政治家。

写道,"法国人拥有一支令人敬畏的警察大军,但是他们也为此付出了高昂的代价。我宁愿每隔三四年看到在拉特克里福路上有半打人被割破喉管,也不愿受制于时不时就登门入室的来访、秘密监视以及富歇①搞出来的一切花招*"。这是两种不同的关于国家的理念。英国人希望国家不做逾界之举。

---

① 约瑟夫·富歇(Joseph Fouché, 1759—1820),法国政治家,曾任法兰西第一帝国警务大臣,被认为是现代密探组织、间谍体系的创建者。
* 见埃利·阿莱维:《19世纪英国人民史》(卷一,第40页,1912年)。

第二部分
谁在统治这个世界？

第十四章 谁在统治这个世界?

我已经说过多次：欧洲文明的发展，自动导致了大众的反叛。大众的反叛这一现象，从它的正面来看，是令人乐观的，因为我们已经说过：大众的反叛与今天人类生活所体验到的美妙增长是一回事。但是，这一现象从其背面来看，则是令人恐惧的——大众的反叛与人类道德的彻底沦丧是一回事。现在，我们就从一些新的视角来看这一点。

一

一个新的历史时代的实质或者说性质，可以是内部变化——人和人的精神变化的结果，也可以是外部变化——形式上的变化、如同机械运动变化的结果。在这后一种变化中，最重要的变化，我们几乎可以肯定地说，就是权力的更迭。而权力的更迭必定带来精神的更迭。

因此，当我们尝试着理解一个时代时，首先要问的问题中必然包含这一个："在这个时代，是谁在统治世界？"有时候是这样的情况：人类散居在几个区域，这几个区域之间没有交流往来，各自为政，互不相干。在米提亚德①的时代，地中

---

① 米提亚德（Milcíades，公元前550—前488），古希腊将军、政治家。

海世界并不知晓远东世界的存在。在这种情况下,"谁在统治世界?"这个问题在不同的人类群体那里必然有不同的答案。但是,从16世纪开始,全人类就进入了一个宏大的一体化进程,到了今天,这一进程已经到达了它无法逾越的终点。现在,已经没有哪个人类的分支是真正居于世外的了——人类的孤岛已经没有了。因此,从16世纪往后,世界的统治者事实上就是在全世界施加影响,独尊天下了。这就是在过去的接连三个世纪中,由欧洲各民族构成的同质群体在世界舞台上所扮演的角色。欧洲统治着世界,在欧洲的统一统治之下,全世界的生活遵循同一种统一的、或者说至少是在渐渐地趋于统一的风格。

这种生活风格,往往被称为"现代",这一灰色的、面无表情的名称背后隐藏着一个现实:这是欧洲称霸的时代。

在此我们不应当把"统治"首先理解为行使物质性的权力、进行身体上的压迫。我们要尽量避免愚蠢的认知,至少是最粗笨、最肤浅的错误认知。人与人之间的这种稳定的、常态化的被称为"统治"的关系,**从来不是依靠武力来维持的**,而是恰恰相反;一个人或是一群人是因为拥有了统治权,才得以拥有那种叫做"武力"的社会机器的。在有些情况下,乍看上去好像是武力构成了统治的根基,不过,如果我们做进一步的探究,就会发现,这些例子正可以说明我们刚提到的论点。比如,拿破仑曾经率军入侵西班牙,这场入侵持续了一段时间,但拿破仑本人并没有在西班牙统治过哪怕一天时间。诚然,他是拥有武力的,而他之所以没有统治西班牙,恰恰是因为他仅仅拥有武力。我们应当认清，作为事件或者过程的入侵，与作为状态的统治是两码事。统治，是权威的正常施行。它总是建立在公共舆论（opinión pública）的基础上；不管是今天还是一万年前，不管是在英国人中间还是在博托库多人①中间，都是如此。在这个世界上，所有的统治者在本质上都是借助公共舆论来维持统治的，除此无他。

有人可能会以为，将公共舆论树立为主权（soberanía），是丹东律师在1789年的创举，或是圣托马斯·阿奎纳在13世纪的创举。对这一主权的发现，可以是在这里或者那里，在这个时期或者那个时期，但是，公共舆论是在人类社会中制造统治现象的根本性力量这一事实，却是和人类一样地古老和恒定的。正如在牛顿的物理学中，万有引力是造成运动的力量，公共舆论的规律是政治史的万有引力。要是没有它，历史科学就不可能成立了。正因如此，休谟才会极为尖锐地指出，历史的主题就在于证明，公共舆论的主权不是一个乌托邦式的追求，而是一直在人类社会中举足轻重的。即使有土耳其禁卫军来协助执政，也必须依靠这些人的舆论，以及其他居民关于这些人所持有的舆论。

事实上，统治天下，靠的不是土耳其禁卫军。塔列朗②曾对拿破仑说过："动用刺刀，陛下，可以做任何事，唯有一件事做不了——坐在刺刀上。"统治不是抢夺权力，而是平静地

---

① 博托库多人（los botocudos）是葡萄牙人对生活在巴西不同地区的一些原住民部族的统称。
② 塔列朗（Charles Maurice de Talleyrand，1754—1838），法国政治家。

行使权力。总之，统治就是坐下来——所谓王座、御座、宝座、议席、官位。和那种既天真又庸俗的看法恰恰相反，统治与其说是拳头的事，不如说是屁股的事。所谓国家（Estado），归根结底，就是舆论的状态（el estado de la opinión）[①]，是一种平衡的、静止的状况。

问题是，有时候公共舆论并不存在。一个社会若是分裂成意见不一的多个团体，这几个团体的舆论力量会互相抵消，因而就无从建立统治了。大自然是害怕空缺的，于是，公共舆论力量的缺失。所留出的空白，就为暴力所填补了。无论如何，后者至多是替代了前者。

因此，如果要对公共舆论的规律做准确的表述，视之为历史万有引力的规律，那么就应当考虑到这些公共舆论缺失的情况，于是，我们得出这样一条公式，它是众所周知的、不可冒犯的、符合事实的共识：与公共舆论相对抗，则无法施行统治。

这就让我们意识到，统治意味着一种意见的绝对权威，因此，也就是一种精神的绝对权威；说到底，统治就是精神权力。历史事实准确地证实了这一点。所有原始的统治都带有"神圣"的性质，因为它们是建立在宗教的基础上的，而宗教是后来成为精神、观念、意见的那些非物质、超物质的东西最先采取的形式。在中世纪，这种现象重新出现，规模更为巨大。在欧洲形成的第一个"国家"或者说"公共权力"就

---

① 在西班牙语中，estado一词兼有"国家"和"状态"之意。

是教会，它是性质特殊的，有一个相当精准的名字："精神权力"[①]。政权从教会那里明白一个事实，那就是它在源头上同样也不过是精神权力而已，是某些观念的付诸实践，然后**神圣罗马帝国**诞生了。就这样，有两种权力互相抗衡，它们都是精神性的，在本质上无法区分彼此，于是它们约定，各自占据一种时间：一个管俗世时间，一个管永恒时间。世俗权力和宗教权力一样都是精神性质的，不过，一个是时间的精神——入世的、变动不居的公共意见，而另一个则是永恒的精神——上帝的意见，上帝关于人和人的命运的看法。

因此，当我们说在某个时代，某个人、某个民族或者某个民族联合体居于统治地位时，也就等于说：在这个时代，在世界上占主导地位的是这样一种意见的系统——这个系统包括观念、喜好、追求、意图。

怎样来理解这个所谓的主导地位呢？大部分人是没有想法，没有意见的，必须从外部给他们注入想法，就像给机器上润滑油一样。因此，不管是什么样的精神，都需要拥有权力并且行使权力，让没有想法的那大多数人能发表意见。要是没有想法，没有意见，人类的共同生活就会陷入一团混乱，失去架构，失去可组织性，甚至是沦为历史虚无。因此，如果没有精神权力的存在，**没有谁来管一管**，人类就会一团乱。同样的道理，**一切权力的更迭**，一切主宰者的变换，都同时是意见的变换，也就是历史万有引力的变化。

[①] "精神权力"（poder espiritual），即教权。

现在，让我们回到开头。欧洲，这个由多个精神相似的民族组成的群集，在过去的几百年里统治着这个世界。在中世纪，是没有谁在世俗世界独揽大权的。历史上一切的中间年代都是如此。中世纪，中间年代，总是代表着一种相对意义上的混乱和相对意义上的野蛮，以及意见的缺失。在这样的年代里，人们也敢爱敢恨，也有追求有厌弃，所有这些并没有多大的限制，但是，另一方面，他们很少发表意见。这样的年代并不乏令人欢欣的东西，但是，在伟大的时代，人类生活靠的是舆论，因此生活才有秩序。在中世纪的另外一侧，我们看到的那另一个时代与现代一样是有着一个主宰者的，尽管它主宰的只是世界的一部分：这位主宰者就是罗马，伟大的领导者。正是罗马给地中海世界及外围地区设立了秩序。

如今，在这大战之后的年代，已经有人开始宣称欧洲不再领导世界了。我们可曾意识到这一论断的严重性？这一论断昭示的是一次权力的更迭。那么大权将往何处去？谁会取代欧洲统治世界？可是，欧洲必然会被一个新的统治者所取代吗？如果没有谁能取代欧洲，那么接下去会发生什么呢？

二

在这个世界上，每时每刻，包括此时此刻，都在发生着无穷无尽的事情。世界上正在发生着什么事？如果有人问这句话，我们应当理解为他是在和自己开玩笑。既然我们不可能直接认识到真实现实的全部，我们只能一厢情愿地自己构造一种现实，假设世间万事是以某种方式发生的。这就给我们提供了一种图式，也就是说，一个概念，或者说，一个概念网络。由此，我们就能像借助一张方格图那样来观察实际现实了，也只有在这个时候，我们才算是就近看清了现实。这就是科学的方法。智识的运用，也正在于此。当我们看到一位熟悉的朋友沿着花园的小径向我们走来时，如果我们说："这是佩德罗"，那么我们就有意地、带有讽刺意味地犯了一个错误。因为对于我们来说，佩德罗意味着一系列身体行为和精神表现方式的抽象集合——我们称之为"性格"，而事实上，有时候我们的朋友佩德罗与"我们的朋友佩德罗"这个概念毫无半点相像。

任何一个概念，不论是最粗糙的，还是最精细的，都镶嵌在反讽的框架上，或者说镶嵌在一张笑口的牙齿上，就像一颗切割工整的钻石镶嵌在金制的假牙架子上。它十分严肃地说："这个东西是甲，那个东西是乙。"这种严肃，是一种不动声色的幽默，就好像是一个人憋住笑，要是不把嘴唇关好，就会放声大笑起来。概念明知这个东西并不是甲，那个东西也绝不是乙。概念真正所想的与它所说的是有点不一样的，正是这种两面性构成了反讽。它真正的想法是：我知道，确切地说，这个东西不是甲，那个东西也不是乙，但是，一旦承认它们分别是甲和乙，我就心中有数了，就能知晓我对它们做出的行为有什么意义了。

这一关于理性认知的理论要是放在过去，可能会把古希腊人惹恼。因为古希腊人认为，他们已经在理性、在概念中捕捉到了现实。而我们则认为，理性，或者说概念，是人惯常使用的一种工具。在无限广大的、问题重重的现实中，他需要运用这种工具来看清他自身的处境。这无限广大的、问题重重的现实，就是他的人生。人生就是与万事万物的斗争，与万事万物斗争才能在它们中间站稳脚跟。概念，就是我们为了应对万事万物的进攻而制定的战略计划。因此，任何一个概念，只要我们弄清楚它最根本的实质，我们就会发现，关于事物本身，它什么也没有告诉我们，它只是简明扼要地向我们指出，一个人可以对这件事物做什么，或者这件事物可以对人做什么。根据这一观点，一切概念的内容都是与人生紧密相关的，是人可能采取的主动行为或被动行为。据我所知，目前为止还没有人支持这一观点，但是，在我看来，它是由康德开启的哲学进程必然到达的终点。因此，如果我们回头检验一下康德以来的哲学史，我们就会觉得，**在本质上**，所有的哲学家说的都是同一件事。其实，一切哲学发现都不过是一种揭露，也就是说，把原先藏在深处的东西带到表面上来。

不过，这一段引子相对于我下面要说的话显得过长了，我要谈的，和哲学问题相距甚远。我本来只是想说，现在，在世界中——历史的世界中——发生的仅仅是这样一件事：欧洲已经统治了这个世界长达三个世纪，如今，欧洲对自己的统治没有了信心，也不能肯定自己是否会继续统治这个世界了。把纷繁复杂的历史事实压缩成如此简单的一条表述，无疑是一种夸张的做法，而我正想告诉大家的是，不管你愿不愿意，思考就是夸张。一个人要是不愿意夸张，那就什么也别说，或者干脆放弃智力的运用，看自己如何变成白痴吧。

我认为，现在世界上真真切切地发生的就是我说的这件事情，其他的一切都是它的结果、条件、征兆或者细小案例。

我并没有说，欧洲已经不再统治世界了，我只是说，近些年来，欧洲对自己是否在统治世界，以及未来是否会继续统治世界，产生了深刻的怀疑。与此同时，在世界上的其他民族中间出现了与之相应的思虑：他们也在怀疑，现在自己是不是被谁在统治着。他们对此也不能肯定。

近些年来，人们常常说起欧洲的没落。我在此发出强烈呼吁，不要再犯幼稚病，一提起欧洲或者西方的没落，马上就想起斯宾格勒。在他的书问世之前，所有人都已经在谈论这个话题了，他的书之所以大获成功，显然是因为这样的疑虑、这样的担忧已经出于各种各样的缘由事先存在于人们的头脑当中了。

欧洲的没落如此频繁地被提及，以至于很多人把它当成了事实。他们并不是认认真真地、把握十足地相信这一点，他们只是习惯了把它当作事实，虽然他们记不起自己是在哪个确切的时日终于毅然决然地相信了这件事。瓦尔多·弗兰克[①]的新书《美洲的再发现》完全基于欧洲正在衰败的假设，然而，对于这一作为立论依据的宏大前提，弗兰克既没有分析也没有讨论，甚至没有加以思索。他没有做任何论证，就从这一前提出

---

① 瓦尔多·弗兰克（Waldo Frank, 1889—1967），美国小说家、历史学家。

发，把它当成确凿无疑的事实。这种在出发点上就表现出来的幼稚足以让我相信，弗兰克并不确信欧洲正在没落；他甚至都没有提出这一问题。他只是把它当成了一辆有轨电车，轻轻松松坐了上去。陈词滥调，就是知识运输方面的有轨电车。

许多人也像他一样这么做。不仅如此，许多民族、整个的民族也都这么做。

如今，这个世界呈现的是一种典型的幼稚病图景。在学校里，一旦有人忽然通知说，老师今天不来了，学童们就会炸开锅，蹦着跳着，把纪律抛在脑后。老师的在场所施加的压力一下子没有了，规矩的重压没有了，每个孩子都感受到如释重负的喜悦，他们兴奋地在半空中踢脚，感到自己成了自己命运的主宰。可是，没有了确定该做什么、不该做什么的规矩，孩子们也就没有正经事可干了，他们没有一桩有意义的、有延续性和既定计划的任务去完成，于是，他们唯一能做的只有这个：蹦蹦跳跳。

那些较小民族的轻率举止，看上去实在令人遗憾。既然有人说欧洲在衰落了，欧洲不再统治世界了，大大小小的民族全都蹦跳起来，手舞足蹈，要么脑袋朝下玩倒立，要么挺直身板仰天大笑，自认为成了可以掌控自身命运的成年人。这就是今天到处可见的"民族主义"众生喧哗的图景。

在前面的章节中，我曾试图描绘一种今天在主导着我们这个世界的新人：我称之为大众人，我强调过，这种人的主要特征是，自感到凡庸，却呼吁做凡庸之人的权利，拒绝承认比他更为高级的力量的存在。自然，如果在每一个民族内部，这种为人的方式大为盛行的话，那么在民族与民族之间，也会出现这样的现象。换句话说，相应地也会出现大众民族，他们毅然决然地反抗那些更有创造力的大民族，而历史正是由这些为数不多的大民族、人类的精英所架构的。可笑的是，这一个个小小的共和国在它们各自的偏僻角落里踮起脚尖来，对欧洲大加斥责，要求欧洲在世界历史的进程中立即停职下台。

结果呢？欧洲已经创造了一套规则体系，其效用和生产力，是过去的几百年历史可以证明的。这些规则远不是可能存在的最佳规则，但是，如果没有其他规则存在，或是尚未显露出其他规则出现的可能，那么，这些规则就是必须要遵循的。要超越这一套规则，必然要弄出另一套规则。现在，大众民族已经认定，欧洲文明所代表的那一套规则已经陈旧过时了，但是，他们又没有能力创造出另一套来，就不知道该干什么了，为了填补时间的空虚，他们就蹦蹦跳跳起来。

这就是当世界一下子没有了统治者的时候，出现的第一个后果：原来的被统治者们发起反叛，接下来就发现自己没有任务可干了，人生的计划没有了。

三

一个吉卜赛人去做忏悔。神父出于谨慎，先问他是否了解上帝的诸条诫令。吉卜赛人说："神父大人哪，我本来正要去学一学的，可是我又听传闻说，上帝的法令要取消啦。"

这不正是我们这个世界的现状吗？有传闻说，欧洲的法令不再起作用了，于是，人们——人群、民族——纷纷抓住时机，享受没有强制命令的生活。唯一存在的强制命令，是欧洲的强制命令。因此，现在的情况并不像以前发生过的那样：新出现了一套规则，取代了旧的规则，新的激情在它活力旺盛的火焰中融化了渐渐冷却的旧激情。像这样的事情是经常发生的。此外，旧的规则显得陈旧，并不是因为它自身生命的衰颓，而是因为有新的规则出现；新规则仅仅因为是新的，就一下子盖过了旧规则。如果我们没有子女，我们就不会显老，或者说，我们会老得更慢。机器装置同样如此。一辆十年前上市的汽车要比一台二十年前面世的火车头更显老旧，只是因为汽车制造技术更新换代的速度要更快。这种由新生代的出现而导致的没落，是健康的表征。

然而，现在我们在欧洲身上看到的却是不健康的、奇怪的表现。欧洲的法令已经失效，而新的可以替代它的法令却还没有在地平线上出现。都说欧洲失去统治地位了，可是，又看不到谁可以来取代它。人们通常所理解的欧洲，确切地说，最主要的是由法国、英国和德国组成的三圣一体。在这三个国家的土地上，一种人类生活模式得以发展成熟，今天的世界正是按照这种模式来架构的。如果事实真的是像人们所说的那样，这三国的人民在走向没落，他们的生活计划失去了效力，那么这整个世界都在经历道德崩坏，也就不奇怪了。

而这正是事实。整个世界——无论是民族国家，还是个人——都在道德崩坏。在一段时间里，这种状况还比较有趣，甚至会隐隐地引人遐想。处在较低层级的人会想，身上总算给拿掉一副重担了。虽然把十诫镌刻在石头或是青铜之上的年代已经远去了，但十诫还是保留了它固有的厚重。"统治"（mandar）这个词，从词源上说，其本意为使某人负重，把某样东西压在一个人的手上。行使统治权的人，必定是令人沉重、不讨人喜欢之人。处在较低层级的人已经厌倦了被压上重担、被委以重托了，如今他们欢天喜地享受那些沉重指令被统统免除的时光。可是，他们的狂欢不会持续多久。没有了那些规定我们以某种方式生活的法令，我们的生命就处于可以被随意支配的状态之中。这就是今天世界上最优秀的年轻人所面临的可怕的精神境地。在感受到全然的自由、无拘无束的同时，他们也感到空虚。一个可以被随意支配的人生，是比死亡更为严重的自我否定。因为生活就是致力于做某种确定的事，就是履行一个重托，如果我们不把自己的生命设定在某样东西上，那就等于清空了我们的人生。不用等多久，一定会出现一声响彻全世界的呼号，这呼声会像群犬的嚎叫声一样直达星空，呼唤某个人或是某样东西出来统治世界、给人们强派一桩任务或是责任。

上述这番话，是说给那些幼稚地宣称欧洲已经不再统治世界的人听的。统治，就是给人们派任务，把他们送入其命运的轨道，让他们干正事，从而不至于堕入游手好闲、生活空虚、自毁人生的境地。

如果有谁具有足够的能力可以取代欧洲的话，那么欧洲不再领导世界，并不足惧。问题是，欧洲的取代者尚未出现，连影子也看不到。相对于欧洲来说，纽约和莫斯科并不算什么新角色。它们不过是欧洲领导权的两个分支，在与其余的部分脱离联系之后，也就失去了它们的意义。说真的，谈起纽约和莫斯科是令人犯难的，因为我们不是很确切地知道它们是什么，只知道关于它们还没有定论。不过，即便如此，我们还是了解它们的共同特征的。纽约和莫斯科都完完全全地属于我曾说过的那种叫做"历史伪装现象"的范畴。伪装（camouflage），就是似是而非的现实。它的外表不表现它的实质，而是掩盖它的实质。因此，它能欺骗大多数人。只有事先知道伪装是伪装的人，才能避免伪装的误导。海市蜃楼现象就是如此。概念认知可以纠正视觉的差错。

在所有的历史伪装现象中，都存在着叠加的两种现实：一种是深层的、真正的、本质的现实，另一种是表露在外的、偶发的、浮于表面的现实。如此，在莫斯科，一方面是如电影放映般闪现的欧洲思想——马克思主义学说——这样的思想是从欧洲的现实、欧洲的问题出发，在欧洲产生的；另一方面，在浮动的马克思主义思想之下，是这样一个民族，它不仅在族裔构成上与欧洲不同，更重要的是，它处在和我们不一样的年纪。这是一个还在酝酿之中的民族，也就是说，一个还未告别青春期的民族。如果马克思主义在尚未拥有工业的俄国取得了胜利，这或许是马克思主义可能遭遇的最大矛盾。但是，这样的矛盾并不存在，因为并没有这样的胜利。俄国成了马克思主义国家，这大概类似于神圣罗马帝国的条顿人一下子成了"罗马人"。新生的民族是没有

思想的。他们成长在一个旧文化苟存或者曾经存在过的环境里，用旧文化提供给他们的思想来掩饰自己的面目。这就是"伪装"，这就是伪装背后的秘密。正如我好几次提到的，人们往往会忘记，对于一个民族来说，有两种进化类型。有的民族诞生于一个真空的、之前不存在任何文明的世界，比如埃及人或中国人。在这样的民族里，一切都是土生土长的，他们的行动有着明确的、直接的方向。另一些民族，则是在一个被某种历史悠久的文化占据的区域里萌发和壮大的。罗马就是这样，罗马人是在地中海成长起来的，地中海的海水已经饱含希腊—东方文明的营养。因此，罗马人的举止行为有一半都不是源于他们自己的，而是习得的。习得的、接受而来的行为，总是具有两面性，其真正的涵义不是直接的，而是间接的。一个人在做出一个习得的动作的时候——比如说，说一个外语单词——在这一举动之下，他总是做出一个属于他自己的、真正的举动——他会把这个外语单词翻译成他自己的语言。因此，要穿透伪装的表面，我们同样需要一种非直接的目光，一个拿一本词典在手翻译一篇文章的人的目光。我期待这样一本书，在这本书中，斯大林的马克思主义被翻译成俄国的历史。因为正是俄罗斯的、本土的东西，而非共产主义，才是俄国的强项所在。天知道马克思主义俄国会变成什么样子！唯一可以确定的是，要走到**可以谋求统治权**的地步，俄国还需要好几百年。因为提不出统治法令，它只好假装拥护作为欧洲原则思想的马克思主义。它的青春时光多得过剩，因此这样伪装一下，对它来说便已足够。对于年轻人来说，生活是不需要理由的，只需要借口。

纽约的情况，也是类似的。把它现在的强大解释为它听从了某一套法令，同样是错误的。如果非要说它遵循了什么法令，至多是这一样：技术。真巧哇！这同样是欧洲的发明，而不是美国的发明。技术是欧洲在18世纪、19世纪间创制的。多么巧哇！美国正是在这两个世纪间诞生的。还有人一本正经地告诉我们，美国的精髓，在于它的实用主义和技术主义生命观，而没有说：美国就像其他所有的殖民地一样，是一些古老种族特别是欧洲民族的再生或者说重返青春。美利坚合众国也是我们称之为"新生民族"这种独特历史事实的一个案例，尽管它成为"新生民族"的原因和俄国是不一样的。很多人以为"新生民族"不过是一个说法而已，事实上，和人的青春一样，它是有实际效力的。美国之所以强大，是因为它还年轻，它听命于我们这个时代的法令：技术，假使我们这个时代的法令换作别的，比如佛教，它也会乖乖遵循佛教教义的。美国这么做，不过是在开始它的历史。现在，它开始烦恼了，开始犹豫了，开始内心冲突了。它还有许多种可能的走向，其中的一些走向，是与技术和实用主义背道而驰的。美国的年纪没有俄国大。我一直谨慎地认为，美利坚民族是一个由种种最新潮的发明**伪装**起来的原始民族[*]。瓦尔多·弗兰克已经在他的《美洲的再发现》一书中阐明了这一点。美国还没有遭受过苦难；认为美国拥有统治者必备的诸般品质，是不切实际的想法。

如果我们不愿得出再没有谁会统治世界、世界因而会重

---

[*] 见《黑格尔与美洲》一文，收入《观者》第7卷，1930年。（全集第2卷）

返混乱状态的悲观主义结论，那么我们就应当回到出发原点，认真地想一想：欧洲真的像人们说的那样，正在没落，正在放下大权、让出宝座吗？这种表面上的没落，不也是一次有益的危机，能够让欧洲成为真正的欧洲吗？欧洲各个**民族国家**（naciones）的没落是今天显而易见的事实，对于欧洲从多元并存走向正式的统一来说，对于未来可能的欧罗巴合众国来说，这不正是必要的先决条件吗？

四

在所有的社会中，统治与服从都是起着决定性作用的。在一个社会中，如果谁统治、谁服从的问题是含混不清的，那么其他的一切都会进展得笨手笨脚、一塌糊涂，就连每一个人的内心都会被扰乱、被扭曲，只有个别优秀的人才会免受其害。假如人是一个本质上孤独的生物，出于偶然才不得不与其他的同类共同生活的话，那么这些由统治权的转移、权力的危机产生的影响可能是打搅不到他的。但是，从人的最本质的构成上来说，人终究是社会的，那么那些直接影响到人类群体的变化，还是会深深地影响到每个人的个人性情的。因此，如果我们把一个人单独拿出来加以研究，无需更多资料，就可以推断出在他的国家，关于统治与服从问题的认识是怎样的。

如果我们来审视一下西班牙普通人的个人气质，那会很有趣，也是有益的。不过，这样的做法是会惹众怒的，尽管不无裨益，却会令人沮丧，所以我还是放弃这一打算吧。但要是真这么做，我们就会看到，几个世纪以来，西班牙在统治与服从的问题上持有的混乱意识，在我们国家的普通人身上造成了多么严重的卑劣化，让他们陷入何等的道德沦丧。卑劣化就是把非正常的状况当成习已为常的、恒定的状况加以接受，即使看上去不合理，也安然接受。既然在本质上罪恶、不正常的东西是不可能转化成健康正常的状态的，个人就选择去适应不合理的状况，让自己与罪恶及其附带的一切不正常现象完全地同为一体。这样的一种机制，类似于一句民谚所说的："一条谎话带出一百条谎话。"所有的民族都经历过这样的时刻，某个不配做统治者的人妄图攫取权力，统领百姓，此时，一种强烈的本能促使众人团结起他们的力量，合力挫败这不合理的篡权企图。就这样，他们排除了暂时的不正常状况，重建了公共道德。而西班牙人所做的却是相反的事：对于他们在内心里拒斥的统治者，他们非但没有发起反抗，反倒是情愿昧着良心扭曲自我，让自己去适应那个欺世盗名的权威。只要这样的现象在我们的国家继续存在，那么就不能指望我们这个民族的人有什么作为了。对于一个社会来说，如果它的政府、它的当局或权威在本质上是欺世盗名的，那么它就没有灵活的生命力来应对在历史中体面地立足这一艰巨任务了。

在谁统治世界的问题上，只消一丝疑虑、一点点犹豫，就足以让整个世界——包括公共生活和私人生活——开始陷入道德崩坏的境地。这是一点也不奇怪的。

人的一生，按其本性，是必须投入到某样东西上去的，投入一桩或光荣或卑微的事业，履行或伟大或渺小的命运。这是一种奇怪的但又不可避免的特性，这是我们生存的本质。一方面，生活是每个人各自行动，为自己做事；另一方面，虽然我的个人生命仅仅于我个人而言才是真正重要的，如果我不把它交付给某种东西，我的人生就会走得摇摇晃晃、松松垮垮、"不成样子"。这些年来，我们已经亲眼看到，有太多的人不知把生命交付给什么，于是他们的人生在自己的迷宫里迷失了方向。所有的规则、所有的诫令都已经被搁置起来了。这似乎应当是一种理想的状况，因为每一个生命都获得了特许，可以想干什么就干什么了，可以全心全意为自己活着了。每一个民族也是这样。欧洲已经松开了它原本紧压在世界上的手，这样做的结果却是和人们的期许背道而驰的。每一个生命获得了解放，回到了自身，也沉溺于自身之中，空虚了，没有事做了。既然它必须用某种东西来填补自己，它就会进行一些轻浮的自我创造或自我伪装，投身于一些虚假的、并非发自真心的活动。它今天是一个样子，明天又是和今天全然相反的另一个样子。当它单独与自己相处时，它迷失了。自我中心主义就是一个迷宫。这是很好理解的。生活就是向某个东西投射自己，就是向着一个目标行进。目标不是我的行走本身，不是我的人生，而是我的人生所向，因此它是外在于我的人生的，存在于我人生的另一边。如果我下定决心只在我的人生之内行走，以自我为中心，那么我就不会前进，不会去往任何一个地方，只是在原地一圈圈打转。这就是迷宫，一条不会通达任何地方的道路，在这条路上走，永远走不出去，只会迷失。

　　大战之后，欧洲人就步入了自我封闭的境地，自己没有了事业，也不给别人提供事业了。因此，从历史的意义上说，我们还是十年前的老样子。

统治不是说说而已的事情。统治就是给他人施加压力。但是，统治并不仅限于此，否则，统治就等同于施暴了。我们不要忘了，统治是有双重效果的：一方面，是管理众人，另一方面，是命令某人去做某事。而所谓命令某人去做某事，说到底就是让人参与一桩事业，加入一项宏大的历史使命。因此，任何一个帝国都是有各自的生活规划的，更确切地说，必有一套帝国生命的计划。正如席勒的一句诗所说：

国王兴土木，车夫有营生。

有一种庸常的观点，认为那些伟大的民族、伟大的人干出一番事来，纯粹是出于利己主义的动机。我们不能这么想。做一个纯粹的利己主义者，不是像人们以为的那么容易的，也没有哪个纯粹的利己主义者是取得过成功的。伟大民族和伟人表现出来的利己主义，是一切将自己的生命投入某个事业的人在采取行动时无一例外、必须保持的坚定姿态。当我们真的要做一番事情、将自己交付给一项伟业时，别人就不能指望我们时刻做好准备去帮助路上来往的过客、时不时地做出一些小小的、偶发的利他主义壮举了。对于那些在西班牙旅行的外国游客来说，最让他们开心的事情之一就是，他们要是在街头随便问哪个西班牙人这个广场或那个大楼在哪里，西班牙人往往会中断自己本来的路程，为面前的陌生人慷慨地作出牺牲，把他一直带到他要去的地方。我不否认，在我们这位西班牙好人的品性当中，是有着慷慨好客的成分的，我也很高兴看到外国人是这样来看待西班牙人的行为的。不过，每当听说或是读到这样的事情，我总是禁不住想问：我们那个被人问路的同胞，原先真的是在赶往某个地方吗？因为事情很有可能是这样，这也是经常发生的，那就是西班牙人不在去往任何一个地方的途中，他没有计划，没有使命，更确切地说，他只是出门去看看热闹，看看别人的生活是否能稍稍填补一下他自己的生活。很多时候，我可以肯定，我的同胞们之所以出门上街，只是为了看看能否碰上个把外乡人，好陪人家走一段路。

迄今为止一直是欧洲在统治着世界，现在，人们在谁领导世界的问题上产生了犹疑，欧洲以外的其他民族，除了那些因为年纪尚幼还处在自己的史前时代的民族，都会被这种犹疑带入道德沦丧的境地。这是非常严重的事情。而比这更严重的情况是，这样的徘徊不定、犹疑不决，终究会让欧洲人自己也完全地陷入道德沦丧的境地。我不是因为自己是欧洲人或者多少算一个欧洲人才作如此感想的。我的意思并不是说：如果在不远的将来，欧洲人不再统治世界了，我对这个世界上的生活就不感兴趣了。假使今天真的有另一个民族能够取代欧洲来把握大权、领导世界，那么欧洲统治的中止，于我来说是无所谓的。但是，我并不企求如此。假如这个世界没有人统治了，而欧洲人的所有美德与才干并没有因此而灰飞烟灭，那么我可以接受一个无人统治的世界。

然而，欧洲人的所有美德与才干的消亡，是无法避免的。

如果欧洲人习惯了不做统治者，那么只消一个半世代之后，旧大陆连同它身后的整个世界就会堕入道德怠惰、智识荒芜和全面野蛮之中。只有帝国的幻觉，以及这种幻觉唤起的责任感和纪律性，才能让西方人的心灵保持紧张。科学、艺术、技术以及其他的一切要生存下去，都必须仰赖统治意识所创造的富有营养的气氛。要是没有了统治意识，欧洲人就会渐渐沉沦下去，他们的头脑就不再有那种根深蒂固的自我信仰了，这种信仰是能推动他们活跃、勇敢又顽强地去捕捉一切领域最新的伟大思想的；他们会彻底地沦为庸常之人，失去那奢侈的创造力，永远停留在过去，因循守旧，习以为常。他们最终会变成一群头脑空空、只会依葫芦画瓢的庸人，就像衰落时代的希腊人或是整个拜占庭历史中的希腊人那样。

有创造力的生命，意味着一套高度健康、举止庄重、有持续不断的刺激的制度，这些刺激能唤起尊严的意识。有创造力的生命就是充满活力的生命，充满活力的生命只有在这样的情况下才是可能的：要么是自己掌握统治权，要么是安身于一个由别人来统治的世界，在这个世界中，所有人都承认统治者完全有权履行其职能，也就是说，我要么统治，要么服从。而服从不是逆来顺受——逆来顺受就是自甘沉沦，正相反，服从就是对行使统治权的人保持尊重，热情地站到他的旗帜下，与他保持一致，并紧紧追随他的步伐。

五

现在，我们可以回到本书的开头：我们曾提到这样一个奇特的现象,那就是这些年好多人都在谈论欧洲的没落。有一个令人吃惊的细节:欧洲的没落一开始并不是被外人注意到的,而是欧洲人自己发现的。当旧大陆之外还没有任何人想到这一点的时候,在德国、英国和法国,有一些人突发奇想:我们这不是在开始走下坡路了吗?这种想法被报界广为宣传,于是,今天所有人都在说欧洲的没落,把它当成了确凿无疑的事实。

不过,你要是微微打个手势,拦住一个唱衰欧洲的人,问问他,他的判断是建立在哪些具体的、可见的现象的基础上的,你就能看到,他会一脸茫然,向着头顶的天空挥舞双臂,这是溺水者特有的动作。事实上,他不知道该抓住什么东西。如果我们要把今天欧洲的没落说明清楚,唯一一个不用花费太大气力就能求证得到的事实就是,每一个欧洲国家都面临着一大堆经济困难。可是,如果我们把这些困难的性质再搞搞清楚,就能发现,没有哪一项困难是真正严重影响到创造财富的能力的,欧洲曾经遭受过的经济危机要比现在严重得多了。

难道德国人、英国人没有觉得,现在他们比以往任何时候都能生产出更多更好的东西吗?完全不是这样。重要的是了解一下,德国人、英国人在经济问题上究竟是怎样一种心态。我们会发现,有趣的是,他们之所以意志消沉,并不是因为他们觉得自己生产力太低,恰恰相反,是因为他们在感到自己的能力前所未有地强大时,遇到了一些绕不开的障碍,让他们无法充分施展他们的潜能。德国经济、英国经济和法国经济遇上的这些必然会碰上的边界,正是这几个国家各自的政治边界。真正的困难并不在于摆在面前的这一个或那一个经济问题,而是在于这样的事实：容经济能力于其中施展拳脚的公共生活形式，已经与经济能力的规模不相匹配了。在我看来，这些年来压制着欧洲生命力的这种每况愈下、无能为力的感觉，就来源于欧洲现有能力的巨大规模与容纳它的政治组织模式之间的失衡。解决那些重大紧急问题的干劲，是前所未有的充沛，可是，这股生气勃发的力量撞上了它居于其中的狭窄牢笼，也就是说，撞上了各个小小的民族国家的边界，欧洲迄今为止就是以各个民族国家分立的形式存在的。今天的欧洲人在心头感受到悲观主义的重压，萎靡不振，恰似一只大鸟在挥动它的巨大羽翼准备起飞时，撞上了鸟笼的铁栏，受了伤，由此情绪低落。

可以为上述事实提供佐证的是，这样的状况在其他所有领域也都存在，虽然这些领域的人看上去是与经济领域的人差别巨大的。就拿知识界来说吧，今天，德国、英国和法国的优秀知识分子都感到自己被困在自己国家的疆界里喘不过气来，他们觉得自己的国籍是一种绝对的限制。德国的教授已经很清楚地认识到，他的德国同行们组成的群体逼迫他不得不用那样一种风格来进行学术生产，那种写作风格是非常荒谬的，他很向往法国或英国作家享有的那种高度的写作自由。另一方面，巴黎的文人开始认识到，他的法国出身让他不得不从属于一种拿腔拿调的、注重语言形式的文学传统，这种传统气数已尽，他更想做的是在保留这一传统的一些最佳品质的同时，将它与德国教授拥有的某些优点结合起来。

同样的情况也发生在国内政治领域。还没有人深入研究一下这个非常奇怪的问题：为什么在所有的大国中，政治生活都是一副奄奄一息的样子？有人说，民主制度已经声名狼藉了。这正是应当好好解释一下的。这是一种相当奇怪的声名狼藉。到处都有人在说议会的种种弊病，但是，我们也没有看到在哪里有人提出要撤换议会，更没有人提出其他的至少在理想上是更好的乌托邦式政体形式。这种表面上的声名狼藉，实在不该去相信它的真实性。在欧洲，出了问题的不是作为公共生活工具的民主制度，而是要用到这种公共生活工具的行动方案出了问题。每一个欧洲人的生活已经达到了相当广阔的维度，而在规模上与这样的维度相匹配的生活规划却是缺失的。

在这里，存在着一种视角上的差错，需要一次性纠正过来，因为老是有人在说这个愚蠢那个无能，比如有人骂议会无能，听了着实令人反感。关于传统议会的运转方式，已经有一大堆言之凿凿的反对意见了。不过，如果我们一条一条地仔细梳理，就会发现，没有哪条反对意见能得出结论说，议会应当被取消，恰恰相反，所有的反对意见都直接地、明确地指出，有必要对议会进行改革。这就对了，一样东西可以从人们嘴里得到的最好评价就是：它需要改革，因为这就意味着，它是不可或缺的，同时又是可以得到新生的。今天的汽车就是从针对1910年的汽车的反对意见中驶出来的。而现在议会遭受的那些粗鲁的贬损并不是来自于这样的反对意见。有人说，议会失效了。那么我们就该追问一句：对于什么事情来说，它已经失效了？因为效力是一件工具可以实现某个目的的功能。在我们讨论的情况中,议会要实现的目的,就是解决每个国家的公共问题。因此,对于那些高喊议会失效的人,我们倒是想请他们给出一个清楚的意见,来看看如何解决当下的公共问题。否则,如果在任何一个国家都没有人确切地知道应当做些什么,就连理论上的认识都没有的话,那么指责制度工具失效无能是没有意义的,还不如提醒人们意识到这一事实:在历史上,还没有哪种制度能创造出比19世纪的议会国家更为强大、更为有效的国家。事实是不容辩驳的,要是忘却这一事实,只能表明自己的愚蠢。认识到可以并且应当尽快对立法机构做深刻变革、使之更为有效,与宣称立法机构无用是两码事,不能混为一谈。

议会的声名狼藉与议会的明显的缺陷并不相干。它来源于另一个原因,这个原因与议会作为政治工具的缺陷一点儿也扯不上边。这一原因就是,欧洲人不知道把这套政治工具用在什么地方,同时又不再向往传统公共生活的目标,总而言之,欧洲人对自己生在其中也困在其中的民族国家已经不抱热情了。如果我们稍微仔细地审视一下这一现象,就会发现,在大多数国家,公民们都不再对国家持有敬意。在国家制度的细节上做一些修订是没有用的,因为不再值得尊敬的不是制度,而是国家本身,国家已经显得狭小了。

欧洲人在发展自己的经济、政治和知识方面的计划时撞上了自己国家的边界,他感觉到,这些计划——也就是说,他的生命的可能性,他的生活方式——与他被囚禁于其中的群体组织的规模相比,实在是巨大无比。这在历史上是前所未有的。

于是，欧洲人发现，做英国人、德国人或者法国人就等于做个外省人（provinciano）。他发现自己要比以前"渺小"了，因为在以前，英国人、法国人和德国人都各自认为自己就是整个世界。在我看来，困扰欧洲人的这种没落的感觉，正是来源于此。这个根源是完全深居于内心的，也是矛盾的，因为对自己每况愈下的判断正是来自于这样的现实：自己的能力增长了，却被一个老旧的组织限制住了，这样的组织已经容不下蓬勃发展的潜能了。

我们可以拿随便哪项具体活动为例，来给前文的观点做一个形象的说明，比如：汽车制造。汽车是百分百属于欧洲的发明，然而，今天美国的汽车制造业要更为发达，结果就是：欧洲汽车正在走向没落。可是，欧洲的汽车制造者——无论是工业家还是技术人员——都很清楚地知道，美国汽车之所以具备优势，并不是因为美国人有什么特长，而仅仅是因为美国的汽车工厂可以毫无障碍地将产品提供给一亿两千万人口。想象一下，一个欧洲的汽车生产厂家忽然开始面对一个由所有的欧洲国家连同它们所有的殖民地和保护国共同组成的商品市场。谁也不会怀疑，这样的一款为五亿或六亿人设计制造的汽车要比"福特"质量更好、价钱更便宜。几乎可以肯定地说，美国技术的一切美妙之处是果，美国市场的广度和统一度是因，而非前者是因、后者是果。产业的"理性化"是产业规模自动导致的结果。

因此，如今欧洲面临的真实情形，应该这样来表述：欧洲的卓越而漫长的过去，将它带到了一个崭新的生命阶段，此时，一切都获得了充分的增长，但与此同时，从过去延续下来的那些结构显得低矮狭小了，阻挡了欧洲现今的发展壮大。目前，欧洲是以多个小国家共存的形式存在的。从某种程度上说，民族国家的观念和民族国家的情感是欧洲最具特色的发明。现在，欧洲不得不努力超越自身了。这就是未来的年代里将会上演的一场大戏的概要。欧洲是会从过去遗留下来的那套东西中解脱出来呢，还是会永久地囿于其中呢？在历史上，这样的事情是曾经发生过的：一个伟大的文明无法用一个新的国家观念来取代其传统的国家观念，从而走向了灭亡……

六

我曾在别处提到过古希腊-古罗马世界的受难与灭亡。其中的一些细节，我参考了自己曾经写过的一些文字[*]。不过，现在我们可以换一个角度来审视这个问题。

当古希腊人、古罗马人出现在历史中的时候，他们是居住在都市、城市中的，就像蜜蜂居住在蜂巢中一样。在本书中，我们必须认定，这一事实是绝对的，其缘由是神秘的。我们只需将这一事实当成一个出发点而已，正如动物学家研究蜜蜂时，是基于这样一个简简单单的、未经解释的事实：泥蜂是单独行动的、居无定所的、四处漂泊的，而金黄色的

---

[*] 见《关于罗马的灭亡》一文，收入《观者》第6卷，1927年。（全集第2卷）

蜜蜂则是居住在善于搭建蜂房的群体之中的*。考古挖掘已经向我们部分地揭示了雅典和罗马建城之前，在它们的土地上有过些什么。不过，这史前的生活是如何从毫无特别之处的农业形态过渡到城市的出现的，这两个半岛的土地上是如何生长出城市这一新物种的果实的，仍然是悬而未决的谜团；先前的史前部族与后来的那些奇特群体之间有没有族群血缘上的联系，也不甚明了。正是这些奇特的群体为人类经验贡献了一项伟大创新：他们先是建造了一座公共广场，然后环绕广场建造了一座与乡野相区隔的城市。事实上，城市或者都市最准确的定义，近似于那种关于管子的诙谐说法：先设定一个洞口，然后围绕这个洞口密密地缠上很多圈金属丝，这就是一根管子了。同样地，城市或者都市一开始也是一个空洞：一块空空的广场，其他的一切都是为确立这块空地、勾勒它的轮廓而存在的。城市在最初并不是一片挨在一起的住宅，而是一个民众集会的场所，一个为开展公共事务而设定的空间。人们建造城市，并不是像建造房屋、住宅那样为了躲避风雨、繁衍后代——这是私人的、家庭的需要，而是为了讨论公共问题。请注意，这意味着一种新型空间的发明，它要比爱因斯坦发现的空间更具新意。在此之前，只存在一种空间：乡野，人类生活在乡野中，人类在乡野生活的

---

* 物理学和生物学，也就是说，"自然科学理性"，就是这样研究问题的。由此可见，自然科学理性的合理性程度比不上"历史理性"。历史理性要深入而非浮于表面地探讨一个问题时，就像本书所做的那样，是不会把任何一个事实当成绝对事实的。对于历史理性来说，理性思考要做的就是让事实流动起来，揭示事实的本源。见笔者《作为体系的历史》一书（西方杂志，第2版）。（收入《全集》第6卷）

一切后果，也都被包含在乡野之中。务农之人仍然是一个植物人。他的存在，他的所思、所感和所欲，都具有昏睡的、无意识的植物状态的特征。从这个意义上说，亚洲和非洲的伟大文明都可以算是人类形态的巨大植物。而古希腊人和古罗马人决定离开乡野，离开"自然"，离开植物世界。这是如何成为可能的呢？人怎么可以脱离乡野呢？如果说乡野就是整个的大地，就是无限的空间，脱离乡野的人该往何处去呢？很简单：建几道墙，限定住乡野上的一块土地，以有容的、有限的空间来对抗无形的、无限的空间。就这样，广场诞生了。它并不像住宅那样，如同乡野中的岩洞一般构成一种从上面封闭的"内部"，它仅仅是对乡野的否定。有了界定它的墙，广场就成了乡野中一块独特的区域，它对着其他区域背过身去，与其他区域相分离、相对抗。这样的一块小小的、反叛性的乡野，这样的一块脱离了无限空间、自成一体的乡野，是一块被撤销的乡野，是一个崭新的、独特的空间，人在其中摆脱了与植物和动物共生的状态，将动植物排除在外，另行创建了一个纯粹属于人类的区域。这就是城市空间。因此，苏格拉底，这位伟大的城市人、城市精神最精粹部分的化身，曾这样说："我和长在旷野中的树木毫不相干，我只和住在城里的市民有所关联。"印度人、波斯人、中国人和埃及人可曾认识到这一点呢？

古希腊的历史和古罗马的历史，分别在亚历山大和凯撒之前，都一直是这两种类型的空间不断斗争的历史，也就是说，是理性的城市和植物形态的乡村、法学家和农夫、法理与乡土相斗争的历史。

读者诸君不要认为,关于城市起源的这一说法纯粹是我个人建构出来的,只是一个象征性的学说。事实上,奇妙的是,古希腊、古罗马城市的居民一直在他们的脑海最深处保留着关于 συνοικισμός 的记忆。我们不用去查阅这个词的文献出处,只需翻译出来即可。Συνοικισμός 指的是聚居于一处的约定,也就是说,聚集(ayuntamiento),兼有此词的物理意义和法理意义①。在城市中的群居取代了在旷野上植物式的分散居住方式。城市就是超级住宅,是对住宅或者说巢穴的超越,是创造一种比家庭的 οίκος② 更为抽象、更为高级的实体。这就是"共和国"(república)、"国邦"(πολιτεία),它不由男人们和女人们而是由公民们组成。人类生活有了一个新的维度,不会退回到原始的、接近于动物的维度了。在这一新的维度中,那些过去仅仅是人类的生物将投入他们最好的精力。就这样,作为国家的城市诞生了。

从某种程度上说,地中海沿岸的所有地区看起来都自发地倾向于成为这样一种形式的城邦。北非或多或少地经历了这一现象(迦太基即城市之意)。意大利直到19世纪才告别城邦联合体的形式,我国的莱万特③地区则尽可能久地保持着地区分

---

① 西班牙语中的 ayuntamiento 一词兼有"聚集"和"市政府"或"市政议会"的意思。
② 希腊语,意为房子。
③ 莱万特(Levante)是西班牙东南部地中海海岸地区的一个统称,主要包括今天的瓦伦西亚大区和穆尔西亚大区。

裂主义的形式，这就是那个持续千年的影响的遗存*。

城邦的规模相对较小，因此可以让我们清楚地看到国家原则的特殊之处。一方面，"国家"（estado）这个词意味着各种历史力量达到了一种相互制衡、稳定的状态。在这个意义上，它是与历史运动的含义相反的——"国家"就是稳固下来的、既成的、静止的共生状态。但是，这种稳固不动、静止恒定的性质，就像所有的平衡状态一样，掩盖了制造出国家并维持国家存在的运动力量，会让人忘记这样一个事实：是先有斗争的运动，有指向国家的各种力量的运动，才最终形成了国家。先有国家的建构过程，后才有国家的既成状态，这是运动的一则原理。

藉此我想说的是，对于人类来说，国家并不是一种现成的、白白赠予的社会形式，而是需要人去付出努力苦心打造的。它不像部落、部族或是其他建立在血缘关系上的社会那样，是由自然制造出来，无需人力协作的。恰恰相反，正是当人努力脱离他生于其中、因血缘关系而囿于其中的那个社会的时候，才有国家的诞生。我在这里说的是血缘，也可以举其他任何一种自然原则为例，比如，语言。从源起上说，国家就是不同血脉、不同语言的混合。国家是对整个自然社会的超越，它是混血的、多语言的。

---

* 有趣的是，在加泰罗尼亚地区，存在着两种互相对立的影响：欧洲的民族主义和巴塞罗那的城市主义，古地中海人的精神一直在后者当中持续存在。我曾在别处说过，莱万特人是伊比利亚半岛上的古代人（homo antiquus）的遗存。

因此，城市诞生于不同族群的集合。在生物异质性之上，它建立起一种法理上的抽象的同质性*。当然，法律上的统一并不是推动国家创建进程的力量。真正的推动国家创建进程的力量要比所有的法律条文都更为实在，那就是生活事业的宏图，这样的生活事业要比那些小小的血亲社会的生活事业更为宏大。在一切国家的创建中，我们都能看到或者隐约见到一个伟大实业家的身影。

如果我们审视一下，在一个国家诞生之前的那一刻，是怎样的一种历史情势，我们总能发现这样的一种情形：数个小规模群体同时存在，每一个群体的社会结构都是为本群体在自己的内部生活而设的，其社会形式仅仅是为本群体内部的共同生活服务的。这表明，在过去，这些群体是真正互相隔绝的，每一个都是独自生活也只为自己而活，最多只是偶尔和邻近的群体接触一下。可是，继这种事实上的互相隔绝之后，出现了外部共居的形态，特别是在经济方面。每一个群体中的个人不再单独依靠本群体生活，通过商贸上的往来、知识方面的交流，他的生活部分地与其他群体中的个人交织在一起。于是，两种共居形式——内部共居和外部共居之间出现了不平衡。已有的社会形式——法律、"习俗"与宗教——是有利于内部共居，而不利于范围更宽广、形式更新颖的外部共居的。在这种情况下，国家原则就成了这样的一种运动，它渐渐消除了内部共居的社会形式，以一种新的适合于外部共居的社会形式来取代前者。以此来观照当下欧洲的现实，这些抽象的表述就有具体内

---

* 法理上的同质性不必定意味着中央集权主义。

容了。

如果一个民族的头脑不能放弃其共居形式的传统结构，也不能想象出另一种从未有过的社会形式，就不能创造出国家。因此，国家是真正的创造之物。国家一开始是一件由绝对的想象构建出来的作品。想象力是人拥有的一项具有解放性质的能力。一个民族只有会想象，才有能力创造国家。因此，所有的民族在向着国家的形态演化时，都会碰到一个界限，这个界限就是自然强加给其幻想能力的界限。

古希腊人和古罗马人想象出了比乡野分居更先进的城市，却固步自封于城墙之内。曾经有人试图把古希腊人、古罗马人的头脑带往更远的地方，把他们的头脑从城市中解放出来，不过这样的努力终究成了徒劳。古罗马人在想象力上的止步不前，集中体现在布鲁图斯身上，他刺杀了凯撒——古代世界最卓越的想象力的代表。今天的欧洲人回想起这段历史是有必要的，因为我们的历史也进行到了同样的章节。

七

明智的头脑，所谓明智的头脑，在整个古代世界可能只有两个：地米斯托克利[①]和凯撒，两位政治家。这一点会让人感到意外，因为一般来说，政治家之所以是政治家，正因为他是

---

① 地米斯托克利（Temístocles，公元前525—前460），雅典政治家、军事家，曾建设了一支强大的海军。

头脑愚笨的，就算是著名政治家也概莫能外*。无疑，在古希腊和古罗马也有过其他的明智之人，思考过许许多多的问题——哲学家、数学家、博物学家，但是，他们的明智是属于科学层面的，也就是说，是关于抽象问题的明智。不管是哪一门科学，其触及的东西都是抽象的，而抽象的东西总是明晰的。因此，之所以说科学是明晰的，主要不是因为从事科学的人头脑清晰，而是因为科学涉及的东西都是明晰的。真正模糊的、含混不清的东西，是具体的生活现实，它总是独一无二的。一个能够在现实生活中精准地辨清方向的人，一个能在生活情境所呈现的一团混沌中看清此时此刻的隐秘肌理的人，一句话，一个不在生活中迷失的人，才真正是头脑明智之人。看看你们身边的人吧，你们会发现，他们一个个都在自己的人生道路上迷失了自我；不管运气是好是坏，他们如同梦游一般过着自己的日子，对自己经历的事情毫无半点怀疑。你们会听到他们以不容置辩的口气谈论自己、谈论自己周围的世界，这似乎表明，他们对他们谈论的一切是很有一套想法的。但是，只要你们粗浅地分析一下这些想法，就会发现，这些想法并不能反映多少他们看似在谈论的现实，如果再深入地分析一下，便会发现，他们甚至并不打算让他们的想法与他们谈论的现实相符。恰恰相反：他们用这一套想法来阻挡自己的目光，不愿看到真正的现实，不愿看到自己真正的生活。因为现实的生活就是让人迷失其中的一团混沌。人是能料想到这一点的；但他还是害怕直

---

* 这一论断看似草率，实则包含着对何为政治——不管是良政还是恶政——的清晰认识，参见本人的社会学著作《人和人们》。

面这可怖的现实,便竭力用一块虚幻的幕布来遮挡现实,在这块幕布中,一切都是明晰可辨的。他的"想法"不符合现实,这对于他来说没什么好担心的;他把这些"想法"当成是抵御他自身生活的战壕,他搬弄这些"想法"时,就是在虚张声势、驱赶现实。

头脑明智的人会摆脱这些虚幻的"想法",直面生活,主动承认生活中的一切都是有问题的,自感迷失于其中的。正因为这才是不折不扣的事实——也就是说,生活就是感受到自我的迷失——接受了这一事实的人才真正发现了自我,他找到了最真实的自己,开始脚踏实地。就和溺水者一样,他会本能地寻找某种可以抓住的东西,而这悲情的、急切的、因为要活命而显得极为真诚的目光,能让他理清这混沌的生活。溺水者的想法才是真切的想法,其他的想法都是修辞、姿态、做戏而已。没有真正地感觉到自我迷失的人,必定会迷失自我,也就是说,他永远都找不到自己,永远都遇不到真实的自己。

在所有的领域中,都是如此,科学亦如是,而科学本身就是一种对生活的躲避(大部分的科学人之所以从事科学研究,是因为他们害怕面对自己的生活。他们并非拥有明智的头脑,所以,他们在面对任何一种具体情境时都会显得愚笨)。只有当我们在面对一个问题时感到不知路在何方的时候,当我们清楚地看到事情的问题性质的时候,当我们懂得,我们不能完全依赖于习得的观念、现成的配方、格言或陈词滥调的时候,我们的科学观念才是真正有价值的。发现一条科学真理,必定先要砸碎之前所习得的几乎一切,扼杀无数条常识,如此才能带着一双血淋淋的手找到这新的真理。

政治远比科学要更为现实，因为它是由多个独一无二的境况所构成的，人常常一下子就身陷其中，不管他愿不愿意。因此，政治才是能让我们更好地辨清哪些人头脑明智、哪些人头脑庸常的绝佳试题。

凯撒是我们已知的能在一个可怕的混乱时刻看清现实轮廓的最佳范例，那是人类历史上最为混浊的时刻之一。仿佛是命运有意要凸显他的典范性，命运还在他的身边安排了一个知识分子，一个出色的头脑——西塞罗，他毕生致力于把事情搞混。

过多的好运，肢解了罗马帝国的政治躯体。这座位于台伯河畔、统领着意大利、西班牙、北非和希腊化东方的城市，即将轰然倒塌。它的公共制度是满含城市气质的，与城市不可分离的，就像木仙子们紧紧依附于她们庇护的树木，一旦离开这些树，她们就会死去。

民主的健康——不管是什么类型、什么水平的民主，依赖的是一个微小的技术细节：选举程序。其他的一切都是次要的。如果选举制度是合理的，合乎实情的，民主政治就会运转良好，否则，哪怕其他方面运转得完美无缺，民主政治还是会一团糟。在公元前1世纪之初，罗马是强盛的、富裕的，一路上碰不到对手。然而，它正处在灭亡的边缘，因为它保留着一个愚蠢的选举制度。当一个选举制度变得虚假时，它就是愚蠢的。投票必须在城市里进行，住在乡下的公民就不能参加投票了,更不用说那些散居在罗马世界各地的公民了。既然选举无法真正实行,就得弄虚作假,那些竞选人拉来退伍军人和竞技场运动员,纠集起一帮专事破坏选举的暴徒。

没有了真正的选举制度的支持,民主体制就成了浮云。词语是浮云。"共和国不过是一个词语而已。"凯撒这么说。各地行政长官都丧失了权威。左派和右派的将军们——马略和苏拉——争相爬上空空荡荡的独裁者的席位,却毫无任何建树。

凯撒从来没有解释过他的政策,他只是专注于将他的政策付诸实践。他的政策就是他本人,而不是后来才有的教科书式的凯撒主义。我们只能通过他的行动去理解他的政策,给他的行动安上他的名字。凯撒政策的秘密藏在他最主要的战绩——对高卢的征服之中。为了发起征服行动,他不得不宣布自己背叛既有的权力。为什么呢?

当时既有的权力,是由共和派,也就是说,那些忠于城邦政体的保守派成员所构成的。他们的政治主张可以概括为两条:第一,罗马公共生活混乱的根源,在于罗马的过度扩张。罗马城无法统治那么多的民族,一切新的征服举动都是有害于共和国的罪行。第二,为了防止罗马政治体制的崩坏,需要一个元首(príncipe)。

对于我们来说,príncipe的意思与罗马人理解的这个词的意思是几乎完全相反的[①]。对于罗马人来说,príncipe是一个

---

① 在西班牙语中,príncipe一词是王储、王子或亲王的意思。

和其他人一样的公民,只不过被赋予了调度共和国体制运行的高级权力。西塞罗的《论共和国》和撒路斯提乌斯关于凯撒的回忆录都是以呼唤一个"第一公民"(princeps civitatis)、一个"领导者"(rector rerum publicarum)、一位"仲裁者"(moderator)的出现来总结所有政治家的思想的。

凯撒的解决方案与保守派全然相反。他知道,要解决罗马之前的数次征服造成的问题,唯一的办法就是接受这一伟大的命运,将征服事业继续进行下去,进行到底。最紧要的是征服那些新的民族,在不远的将来,他们要比东方的那些腐朽败坏了的民族更具威胁。凯撒坚持认为,必须将西方的蛮族彻底罗马化。

有人说(如斯宾格勒),古希腊人、古罗马人是没有感知时间的能力的,他们无法把自己的人生看成是一个在时间中展开的过程,他们只存在于点状的当下。我认为,这一判断是错误的,或者至少说,这一论断将两样不同的事情混为一谈。古希腊人、古罗马人患有一种奇怪的盲症,他们看不到未来,就像色盲的人看不到红色一样。另一方面,他们根深蒂固地生活在过去。每当下手做事之前,他们总要往回走一步,就像拉加尔蒂霍①在作出击杀动作之前要先退后一步一样;他们在往昔中寻找一种适于当下状况的模型,以此来塑造自己,然后潜入现时的水面之下,这套虚幻的潜水衣既保护了他,也让他变

---

① 拉加尔蒂霍(Lagartijo),本名拉斐尔·莫利纳·桑切斯(Rafael Molina Sánchez),19世纪西班牙著名斗牛士。

了形。所以，他一切的生活在某种程度上说都是重复过去的生活。这就是带着古风生活，古人几乎总是如此。但是，这并不等于对时间没有感知。这仅仅意味着，他们的时间观念是不完整的，当他们张开翅膀时，未来的那一翼是缺失的，而过去的那一翼却过分肥大了。今天的欧洲人总是面向未来生活，觉得未来才是最具实质意义的时间维度，对于我们来说，时间始于"后来"，而非"从前"。这样我们就能理解，为什么在我们看来，古希腊人、古罗马人仿佛是生活于时间之外的了。

面对现在的任何一种情况，都套用过去的范例，这样的偏执倾向从古人传到了今天的考据学家身上。考据学家同样是看不到未来的。他也会往回走，给当下的一切都找到一个先例，并充满诗意地称之为"溯源"。我之所以这么说，是因为最早的那批给凯撒写传记的人不愿真正去了解这位伟人，他们以为凯撒只是试图模仿亚历山大大帝。如此一来，他们就得出这样的结论：亚历山大心里念着米提亚德的丰功伟绩因而无法入睡，凯撒一定是渴慕亚历山大的丰功伟绩而彻夜难眠的。如此类推，无穷无尽。步子总是往后走的，今天的脚一定踩在昨天留下的脚印上。今天的考据学家与古代的传记作家如出一辙。

认为凯撒孜孜以求的是像亚历山大大帝所做的那样一番事业——几乎所有的历史学家都是这么认为的——等于彻底拒绝理解他。凯撒差不多是和亚历山大截然相反的。他们唯一相像的地方是都怀有建立一个世界性帝国的理想。然而，世界性帝国的理念并不是亚历山大大帝发明的，而是来源于波斯。假如凯撒真的想模仿亚历山大，那么他一定会向东方推进，向着往昔的荣耀进军。可凯撒却还是对西方情有独钟，这表明他的想法与亚历山大是对立的。再者，凯撒设想的并不是一个简简单单的世界性帝国。他的目标要更为深远。他要的是一个并不依赖罗马城，而是依赖于外围、依赖于各个省份的罗马帝国，而这意味着对城邦政体的完全超越。这样的一个国家，能团结起各个不同的民族，每一个民族都感到自己与这个国家休戚与共。这样的国家，不再是一个发号施令的中心加一个俯首恭听的外围，而是一个巨大的社会机体，其中的每一个成分既是国家的主动要素，也是国家的被动要素。现代国家政体就是这个样子的，而这也是凯撒以他的超前眼光作出的绝妙设想。可是，这就意味着一种超越罗马的、反贵族的权力，这种权力要远远地凌驾于共和国的寡头统治之上，凌驾于共和国的"元首"之上，因为元首只是"普通人中的第一人"（primus inter pares）。这样一种实践并代表普遍民主的权力，只能是设立在罗马城之外的君主政体。

共和国！君主国！在历史上，这两个词的真实含义是经常变换的，因此，我们每时每刻都需要将它们细细考量，才能弄清楚它们的实质内容。

凯撒信得过的人，离他最近的手下，不是来自城市的思维陈旧的学者，而是新人，是来自外省的、充满活力又行事高效的人。他真正的谋臣是科尔内利乌斯·巴尔布斯，此人是来自加的斯[①]的商人，是一个大西洋人，一个"殖民地人"。

---

① 加的斯（Cádiz），西班牙南部海岸城市。

可是，这一新型国家的理念过于超前了，拉齐奥人的脑子动得太慢，无法完成这么大幅度的跨越。城市的形象，连同它的实实在在的唯物主义，阻碍了罗马人的视线，让他们看不见那种全新的政治组织形式。怎么能由不住在城市里的人组成一个国家呢？这样一种微妙的、神秘的统一体，究竟是个什么东西？

我再说一遍：我们称之为国家的那个实体，并不是由血缘关系联合起来的人自发组成的统一体。血脉不同的人群不得不生活到一起的时候，正是国家开始的时刻。他们生活到一起的必然性，并不是来自武力胁迫，而是意味着一个诱人的前景，一项摆在分居各处的多个人群面前的共同任务。国家首先是一项行动的计划，一个合作的方案。人们受到召唤，一起来做点什么。国家不是宗族集团，不是语言统一体，不是地域联盟，也不是相邻定居点的联合体。国家不是物质的、无生命的、现成的、被限定的东西。国家完全是一种动力——共同做某事的意志，因此，国家的理念是不会受到任何物质条件的束缚的*。

萨阿韦德拉·法哈尔多[①]的那个著名的政治徽章是极为精妙的：一支箭，下面一行字："要么上升，要么下坠。"这就是国家。它不是一个事物，而是一个运动。国家总是**来自某处**

---

* 参见本书作者的《国家的体育根源》，收入《观者》第7卷，1930年（《全集》第2卷）。

[①] 萨阿韦德拉·法哈尔多（Saavedra Fajardo，1584—1648），西班牙作家、外交家，著有《百枚徽章中的基督教君主思想》。

并且去往某处。和一切的运动一样，它有一个出发点和一个终点。我们在一个国家的历史中截取任何一个时刻，都能发现一种共同生活的统一，这种统一似乎是建立在这一个或那一个物质性特征上的：血缘，语言，或是"自然边界"。如果我们对之做静态的解释，就会说：这就是国家。但是我们很快就意识到，这群人正在共同做某事：征服别的民族，建立殖民地，或是与其他的国家结盟；也就是说，他们一直都在超越那个似乎是维持他们统一的物质性原则。这就是国家运动的"终点"，这才是真正的国家，它的统一，恰恰在于对一切已经形成的统一体的超越。这种向着更远的地方前进的驱动力一旦止歇，国家就会自动垮台，之前存在的、仿佛是建立在某种物质基础上的统一体——以种族、语言或自然边界而确立的统一体——就没有什么作用了，由此，国家就分崩离析、灰飞烟灭了。

只有国家在它的每时每刻中都含有的这种双重性——一方面是已经有的统一体，另一方面是它计划成为的更大的统一体——才能让我们理解国家的本质含义。我们都知道，至今还没有人能给现代意义上的民族国家（nación）这个词下一个准确的定义。城邦是一个比较明确的概念了，睁开眼睛就能看见。而在高卢人和日耳曼人中间发端的这种新的公共统一体，这种来自西方的政治灵感，则是一样比城邦远为模糊不清、难以把握的东西。面对这样一个无法抗拒的现实，考据学家、今天的崇尚古人的历史学家，就和凯撒或塔西陀面对那些新出现的国家时一样地感到迷惑不解，他们想用罗马人的语汇来指称那些阿尔卑斯山以北、莱茵河流域以外的国家，以及在西班牙的土地上出现的国家。他们把这些民族称为civitas，gens，natio[①]，同时意识到这些名称里面没有一个是合适的[*]。他们不算civitas，因为他们并不居住在城市里[**]。可是，即使让这个词的语义变得含混不清，以它来指称一个固定的区域，也还是不行。这些新的民族总是随随便便就变换居住地，或者至少经常扩大或是缩小他们占据的地盘。他们也不是统一的种族——氏族。不管往前回溯多远，这些新国家在出现时，已经是由原本各自独立的部落所组成的了。他们是不同血统的结合。既然民族国家既不是血缘共同体，也不是固定于某一地的人群，那么，它究竟是什么呢？

正如经常发生的那样，在这个问题上，只要我们老老实实地尊重事实，就能找到答案。当我们回顾任何一个"现代民族国家"——法国、西班牙或德国的发展历程的时候，首先看到的是什么呢？那就是：在某一个时期看上去似乎是构成民族国家的要素的东西，到了后面一个时期就被否定掉了。一开始，民族国家好像是部落，邻近的那个部落就是非民族国家。接着，民族国家由两个部落合并而成，再后来，民族国家就是一个地区，然后是伯爵领地、公国或者"王国"。西班牙一开始是莱昂，但不包括卡斯蒂利亚；然后是莱昂和卡斯蒂利亚，

[①] 拉丁文，意为"城邦公民，氏族，民族"。
[*] 见多普施《欧洲文明的经济与社会基础》第二版，1924年，第2卷，第3—4页。
[**] 罗马人从来不把蛮族聚居的地方称为城市，不管蛮族人的村庄有多么拥挤。他们想不出更好的名字，就把蛮族人居住的地方称为"庄稼人定居点"（sedes aratorum）。

但不包括阿拉贡。很明显，在民族国家的构成上有这样两条原则：一条是变动的，总是在被超越——部落、地区、公国、"王国"，以及它们的语言或方言；另一条则是恒定的，它灵活地跨越所有这些界限，把前一条原则认为是截然对立的东西联合为一个整体。

那些考据学家——我指的是今天那些妄图自称为"历史学家"的人——从今天这个变幻莫测的时代出发，从最近两三百年才形成的西方各个民族国家出发，宣称韦辛格托列克斯①追求的是一个西起圣马洛、东至斯特拉斯堡的法兰西，熙德②追求的是一个北起菲尼斯特雷、南至直布罗陀的西班牙，这真是愚蠢得可笑。他们就像天真的剧作家那样，总是让他们的主人公开赴三十年战争的战场。为了说清楚法国和西班牙是怎样形成的，他们推断说法兰西和西班牙这两个统一体早已经在法国人和西班牙人的心灵深处存在了，仿佛在法国和西班牙存在之前，就已经有法兰西人和西班牙人了！仿佛法兰西人和西班牙人不是用两千年的时间慢慢打磨出来的，而是忽然从地上冒出来的！

事实上，今天的这些民族国家不过是前面那条经常在变动、不断被超越的原则在今天的表现而已。现在，作为原则的

---

① 韦辛格托列克斯（Vercingétorix，公元前80—前46），高卢人的首领，曾率部抗击凯撒的罗马军队，后被俘，最终被处死。
② 熙德（El Cid，1048—1099），卡斯蒂利亚骑士，本名罗德里戈·迪亚兹（Rodrigo Díaz），在西班牙基督教王国与穆斯林王国群雄割据的时代服务于不同的君主，立下赫赫战功，成为英雄史诗《熙德之歌》的主人公。"熙德"来源于阿拉伯语，是对成年男子的尊称。

不是血缘也不是语言了,因为法国和西班牙的血缘共同体和语言共同体不是国家统一的原因,而是国家统一的后果;现在作为原则的,是"自然边界"。

如果一个外交官在斗剑般的论战中搬出自然边界的概念,作为他在辩论中的必杀技,这是无可厚非的。但是,一个历史学家是不能把这个概念当成岿然不动的堡垒,藏身于其中的。"自然边界"并不是决定性的,也不是足够精确的。

不要忘了,我们认认真真提出来的,是什么问题。我们要研究的是,民族国家到底是什么,它如何区别于其他类型的国家,比如城邦国家,或者是另一个极端,比如奥古斯都建立的帝国*。如果我们要把问题表述得更清楚、更准确一点,不妨这么说:是什么样的一种真实的力量,使得几百万人在同一个公共权力的名号下——法国、英国、西班牙、意大利或是德国——共同生活在一起的?这种力量不是先前存在的血缘共同体,因为这些社会躯体每一个都是由多条相差巨大的血统源流所浇灌的。这种力量也不是统一的语言,因为这些聚集在同一个国度内的民族,过去和现在讲着的都是不同的语言。今天他们享受着的——我们姑且说这是一种享受吧——种族和语言上的相对意义上的统一性,是事先达成的政治统一的结果。因此,无论是血缘还是语言都不能造就民族国家;事实正相反,

---

* 众所周知,奥古斯都的帝国与他的养父凯撒欲图创立的帝国是**截然相反**的。奥古斯都采用的是凯撒的敌人庞培的路线。迄今为止关于这个话题最好的著作是爱德华·迈耶的《凯撒的君主制和庞培的元首制》(1918年)。

是民族国家消解了原有的血细胞的差异，让原本高低不同的语调变得整齐划一。从来都是这样。**国家恰好是已经存在的血缘共同体或者语言共同体**，这种情况即使不能说绝无仅有，也是非常少见的。西班牙今天是一个民族国家，并不是因为在西班牙全境人们都说西班牙语*；阿拉贡和加泰罗尼亚曾经是民族国家，也并不是因为随便哪一天，它们的主权领地的边界恰好与阿拉贡语区或加泰罗尼亚语区的边界重合了。如果我们想离真理更近一点，不妨在尊重所有事实的特殊性的基础上，承认这样一个假设：一切涵盖了某个地域的语言统一体，几乎必定是先前的某个政治统一过程的沉淀物**。国家承担了语言转换这一重大任务，从来都是如此。

尽管自古以来事实就是如此，人们还是执着地将血缘和语言视为民族国家的基础，这实在是很奇怪的。在我看来，这既是一种忘恩负义之举，也是一种前后矛盾的认知。因为今天的法国人之所以有他们的法国，今天的西班牙人之所以有他们的西班牙，都是拜一条 X 原则所赐，这一原则的推动力恰恰在于超越那狭隘的血缘和语言共同体。因此，或许可以说，今天的法国和西班牙，与之前让法国和西班牙成为可能的要素完全相反。

---

* 事实上，也不是所有的西班牙人都说西班牙语，同样地，不是所有的英国人都讲英语，也不是所有的德国人都讲高地德语。

** 当然，古希腊通用语（koiné）和法兰克通用语（lingua franca）不属于我们讨论的范围，因为它们不是民族国家语言，而是特定的国际语言。

另有些人意识到血缘统一说和语言统一说的缺憾，发现了新的统一原则，试图将民族国家的概念建立在一个伟大的领土形象的基础上，也就是说，把充斥着地理神秘主义色彩的"自然边界"视为民族国家概念的根基。这种解释犯了同样的错误，他们的眼睛同样看花了。我们出于偶然生在今天，看到了这一个个固定在大陆上或邻近岛屿上的国家。他们试图以今天的这些地界为据，提出某种定性的、精神性的东西。他们说，这些地界是"自然边界"，这种"自然性"似乎意味着，历史已经奇妙地对这些国家今天的轮廓做了先行设定。之前我们已经证实了，血缘共同体和语言共同体都不是民族国家的真正源泉。以同样的论证方式来检验自然边界说，这个神话也就立马烟消云散了。往前回溯几个世纪，我们会惊奇地发现，那时候的法国和西班牙都各自分裂为数个小国家，每一个小国都各有其必然拥有的"自然边界"。那时候作为国界的山岭或许不像比利牛斯山或阿尔卑斯山这么气势雄伟，那时候的界河或许不如莱茵河、加来海峡或直布罗陀海峡这般波涛汹涌。而这仅仅表明，边界的"自然性"是相对的，它取决于时代的经济能力和军事实力。

所谓"自然边界"的历史事实不过就是，在A民族进犯B民族的扩张进程中，自然边界构成了一个障碍。对于A民族来说，它是共同生活的障碍或军事征服的障碍；对于B民族来说，它是防御屏障。"自然边界"的概念，本身就意味着要比"边界"来得更自然，它天生就意味着民族的扩张及不同民族间无限融合的可能性。看起来只有物质上的障碍才能遏制住这种可能。昨天、前天的边界，用今天的眼光来看，并不是法国或西班牙民族国家的根基，而是相反：它们是民族国家理念在国家统一的进程中遇到的障碍。尽管如此，我们还是想给今天的边界赋予一种决定性的、奠基的性质，虽然事实上新的交通工具和战争手段已经使它们作为屏障的效用完全丧失了。

既然边界并不是民族国家的基础，那么在民族国家的形成过程中，边界究竟担任了什么样的角色呢？事实是很清楚的；对于理解民族国家这一与城邦国家相对立的概念，这个事实也是很重要的：边界的作用，在于时时刻刻对已经达成的政治统一进行巩固。边界不是民族国家的**起点**，而是相反：在民族国家**起点**上，它构成了民族国家的障碍；一旦障碍被扫平，边界又成了确保统一的物质条件。

种族与语言承担的也是一模一样的角色。**构成**民族国家的，不是这个或那个血亲共同体，而是相反：民族国家在它的统一大业中，总会遇到像种族、语言这样的大大小小的障碍。在强有力地解决了这些障碍之后，民族国家就开始推行血缘与语言的相对意义上的一体化，这样的做法有利于巩固民族国家的统一。

我们必须推翻传统上对民族国家概念的错误解释，应当认识到，过去所认为的构成民族国家的三要素，恰恰是民族国家在形成中首先会遇到的三大障碍。当然，在推翻一种错误解释的同时，我自己所做的解释也有可能犯错。

要找到民族国家得以形成的秘密，不应当在生物学或地理学性质的外部原则中去找寻，而应当在此民族国家酝酿自身的特有灵感中、在它自己的政治纲领中去找寻。

为什么人们认为，要理解现代民族国家的形成这一奇妙事实，必须借助与生俱来的种族、语言和领土这些概念呢？原因很简单：在这些要素当中，我们能发现个人与公共权力之间的一种极为彻底的亲密关系、一种休戚与共的认同感，这在古代国家中是没有的。在古代的雅典，在古罗马，只有一小撮人才有资格代表国家，其他人——奴隶、盟友、外省人、殖民地人——只是国家的臣民而已。而在英国、法国、西班牙，没有哪个人仅仅是国家的臣民而已，每个人都是参与组成国家的人，与国家共同存在的人。个人与国家的这种结合、国家之内个人与个人之间的结合所采取的形式，特别是法律形式，在不同的时代是很不一样的。在个人等级、个人地位方面总是存在着巨大的差异，总有相对优越的阶层和相对低下的阶层之别。但是，如果对每个时代的实际政治情形作详解，看一看那个时代的精神，显而易见的事实是，每一个个体都自觉是国家的积极一员，是国家的参与者和合作者。民族国家（nación）这个词，就其在西方一百多年以来所宣示的意义来说，意味着公共权力与受公共权力管辖的集体之间所形成的"位格合一"。

国家，不管是采取何种形式的国家——原始的、中古的或是现代的，都是一个人类群体向其他人类群体发出的共同进行一项事业的邀请。这项事业，不管要经历什么样的中间手段，其最终目标是组织起某种类型的共同生活。国家与生活计划、人类任务方案、人类行动方案，是不可分离的概念。进行一项事业的群体与**其他**群体建立合作关系的不同形式，决定了国家的不同类型。古代国家从来没有能够实现与**其他**群体的合并。罗马对意大利本地人和外省人进行管辖和教育，但是并没有将他们抬高到可以与自己融合的地位上来。就是在罗马城之内，也没有实现市民间的政治融合。我们不要忘了，在共和国时期，罗马事实上分裂为两个：元老院的罗马和平民的罗马。国家的统一从来没有超越过不同群体间的简单联结，在这种联结中，各群体仍然彼此视为异类、外人。因此，帝国在受到威胁时不能指望那些**其他**人的爱国情怀，不得不仅仅依靠自己的官僚管理体系和战争手段来防卫自己。

所有古希腊人群体、古罗马人群体在与其他群体融合方面的无能，有着很深刻的原因，在此不细究，归结起来就是一条：不管情愿与否，国家必须采取合作的形式，而这些古代人对这种合作的理解是简陋的、幼稚的、粗糙的：仅仅是谁当统治者、谁被统治的问题*。罗马注定是施行统治的，不是服从于他者的；其他人注定是俯首称臣的，不是施行统治的。因此，国家就物质化为pomoerium①，成了由几堵墙限定在物理空间中的城市躯体。

---

* 有一个事实，初看上去似乎是与上述结论相悖的，但终究还是能证实上述结论的：到后来，帝国所有的居民都被授予了公民权。此事发生时，恰恰是公民权逐渐丧失其政治身份性质的时候，它最终成了完完全全的负担，成了对国家应尽的徭役，或是成了公民法中的纯粹头衔。对于一个以奴隶制为原则的文明来说，除此之外是指望不了别的东西的。在我们今天的"国家"，奴隶制只是一个残存的事实。

① 也作pomerium，拉丁文，指罗马城的神圣边界。

而新的民族带来了一种对国家的不那么物质化的解释。如果说国家是一个共同事业的计划，那么国家的实体就是完全动态的，是一种作为，是一个行动中的共同体。因此，任何人只要愿意加入这项事业，就可以成为国家的积极的一部分，成为政治主体，而种族、血缘、地理从属、社会阶级之类就不那么重要了。为政治上的共同生活提供理由的不是先前存在的那个传统的或古老的共同体——命定的、不可改变的共同体，而是在实际作为中成型的未来的共同体。我们之所以能团聚在一起成为国家，不在于昨天我们是什么，而在于明天我们将一起做什么。正因如此，在今天的西方，政治统一体才可以轻而易举地逾越曾经束缚了古代国家的所有限制。相比于古代人（homo antiquus），今天的欧洲人表现为面向未来的人，表现为有意识地将自己设定在未来并且从未来出发来决定自己当下行动的人。

这样的政治倾向，不可避免地朝着范围越来越大的政治联合前进，原则上没有什么是可以阻挡它的。融合的能力是无限的。不光是一个民族与另一个民族的融合，还有在每一个政治躯体之内所有社会阶级的融合，这是民族国家特有的。当民族国家在领土方面和族群方面增长的同时，其内部的合作也越来越紧密。民族国家就其本源来说是民主的，这要比一切政府形式的差异更具决定性意义。

很奇怪的是，那些以先前存在的共同体作为民族国家的基础来给民族国家下定义的人，最终总是将勒南[①]的学说奉为

[①] 欧内斯特·勒南（Ernest Renan, 1823—1892），法国哲学家、历史学家。

最完美的公式，仅仅因为勒南在血缘、语言和共同传统之外新添了一个叫做"日常全民表决"的要素。他们真正理解这一表述的确切含义吗？我们可不可以给它注入与勒南的定义截然相反、却更接近事实的内容呢？

八

"在过去拥有共同的辉煌，在现在拥有共同的意愿；已经共同成就过伟大的事业，还想共同成就更多的事业；这些就是成为一个民族的根本条件……他们从过去继承了共同的荣耀和悔恨，他们关于将来有同一个有待实现的方案……民族国家的存在，就是一种日常进行的全民表决。"

这就是勒南的那个广为人知的论断。如何解释这一论断的非凡成功呢？毫无疑问，拜那最后一句表述所赐。民族国家就是一种日常全民表决，这一观点对于我们来说仿佛有解放之用。共同的血缘、共同的语言和共同的过去，是静态的、命定的、僵死的原则，是牢狱。如果民族国家仅限于此，那么它就是一个固定在我们身后的东西，我们对它不能有什么作为。按此道理，民族国家就是自行存在的，而非被创制出来的。如果有人向它发起侵袭，守卫它都没有什么意义可言。

不管我们情愿与否，人生就是对未来的持续不断的关注。在此时此刻，我们关注下一刻的事情。所以，生活永远是持续不断的、没有止歇的作为。为什么人们没有意识到，**作为**，一切的**作为**，都意味着实现一个未来呢？甚至当我们回想往事时，也是如此。我们在这一秒进行回忆，是为了在瞬息之间得到某种东西，尽管我们得到的仅仅是重历往昔的快感。在一刻之前，我们将这种微小的、孤独的快感视为一个可期的未来。因此，回想往事也是一种作为。我们不妨把道理说清楚：对于人来说，一切有意义的东西都必须是指向未来的，否则便是没有意义的*。

如果民族国家仅仅是由过去和现在构成的，那么当它遭受侵袭时，就没有人会奋起保卫它了。那些持相反观点的人，不是伪君子，就是笨蛋。不过，民族国家的过去是会将一些令人振奋的东西——或是真实的，或是想象的——投射到未来的。这样，我们就觉得未来是可期的，我们的民族国家会在那个未来继续存在。因此我们才会奋起捍卫它，而我们之所以会这样

---

* 根据这个道理，人不可避免地具有未来主义的特质，也就是说，人首要地是生活在未来并且依据未来生活的。但是，我之前在将古代人和欧洲人做对比的时候说过，前者是相对地背对未来、后者是相对地面向未来的。很明显，这两个论断是不一致的。事实上，人是有两面性的：一方面，他表现为现实中的自己，另一方面，他有着关于自己的想法，这些想法与那个真实的他不一定完全吻合。显然，我们的想法、喜好、欲望是不能消解我们的真实自我的，但它们确实可以让我们的真实自我更为复杂，可以对之作出调整。古代人和欧洲人都是关注未来的，不同的是，古代人将未来纳入过去的制度之中，而我们则给予未来更大的自主性，把新事物当作新事物来看待。正因为有这种在偏好上而非在本质上的差异，我们才把欧洲人说成是未来主义者，把古代人说成是崇古主义者。欧洲人刚一觉醒、真正掌握了自己，就开始把他的生活说成是"现代"的了。这一点是具有启示意义的。我们都知道，"现代"一词意指新的，意味着对旧习俗的否定。14世纪末，正是在那个时代最感兴趣的一些问题上，开始有"现代性"（modernidad）的概念出现，比如说，有"现代虔信派"（devotio moderna）的说法，这是"神秘主义神学"中的先锋派。

做，不是因为血缘，也不是因为语言或者共同的过去。在捍卫民族国家时，我们捍卫的是我们的明天，不是我们的昨天。

这就是勒南那句表述中的闪光之处：把民族国家看成是一个为明天而设的绝妙计划。全民表决决定的是一个未来。在此情况下，未来是过去的延续，这一点丝毫不会改变问题的实质，只会表明，勒南给出的定义也犯了崇古主义的毛病。

因此，民族国家代表的国家原则，要比古代的"城邦"或阿拉伯人的以血缘限定的"部落"更接近于纯粹的国家理念。民族国家的概念确实保留了不少与过去、领土和种族相关的成分，但是，与此同时，我们也能惊奇地发现，在民族国家的概念中，人类围绕着一个有吸引力的生活计划而联合起来的原则总是能占上风。而且，这种将过去当作压舱石的观念，这种脱离不了物质原则的相对局限性，过去不曾完全是、现在也不完全是从西方人的心灵里自发地冒出来的，它们来自于浪漫主义对民族国家概念所做的充满学究气的阐释。这种19世纪的国家观念要是在中世纪就出现，那么英国、法国、西班牙和德国就不会诞生了*。因为这种解释将推动和构成一个民族国家的要素与巩固和保存一个民族国家的要素混为一谈了。我们可以这么说：让民族国家得以形成的，并不是爱国主义。谁要是持相反意见，那真是愚蠢得可笑，而勒南在他那条著名的定义中就犯下了这个错误。如果说一个民族国家存在的前提是一个人类群体拥

---

* 从时间上看，民族国家的原则是18世纪末出现的浪漫主义最初的几个征兆之一。

有一个共同的过去，那么当这个人类群体正在经历以今天来看是过去的那个时段时，我们该如何称呼这个群体呢？显然，只有当这种共同生活消亡、逝去之后，他们才可以宣称："我们是一个民族国家。"在这里，我们不正可以发现考据学家、档案保管员的职业积习吗？他们的职业眼光只能看到过去，看不到现在。对于考据学家来说，必须先有一个过去存在，他才能当他的考据学家，而对于民族国家来说，在拥有一个共同的过去之前，必须先把这个共同体创造出来，而在创造共同体之前，又必须先梦到这个共同体，要渴求之、计划之。一个民族国家要存在于世，只要拥有一个关于自己的计划就足够了，哪怕这个计划实现不了，哪怕如历史上多次发生的那样功败垂成，在这种情况下，我们可以说这是一个夭折了的国家（比如勃艮第）。

西班牙和中南美洲的人民拥有共同的过去和共同的血脉，语言也相通，但是，西班牙和中南美洲并不能形成一个民族国家。为什么呢？只缺一样东西，这样东西如今看来是最关键的：共同的未来。西班牙不懂得如何创造一个能把这些血缘相近的各个群体吸引到一起的关于他们共同未来的方案。中南美洲关于未来的全民表决是排斥西班牙的，于是，档案、记忆、祖先、"祖国"之类的统统变得毫无价值了。每当有全民表决进行时，所有这些只能作为巩固性的力量发挥作用，它们的作用仅此而已*。

---

* 现在，我们正在目睹一个宏大的、清晰可见的实验，看看英国能不能给它的帝国的各部分提出一个有吸引力的方案，从而将它们联合起来，形成一个主权统一体。

我认为，民族国家当中存在着一种全民表决性质的历史结构，其他的一切都代表了全民表决的内容、形式或是它每时每刻需要的巩固性力量，是转瞬即逝的、变幻不定的。勒南找到了"全民表决"这个金光闪闪的、充满魔力的词汇。这个词让我们可以如同借助阴极射线那样看清民族国家的神秘内核，这个内核是由两种成分构成的：第一，在一个共同的事业中共同生活的计划，第二，人们对这项富有吸引力的计划的支持。这种来自所有人的支持，使得国家具有了坚实的内里，这也是民族国家与一切古代国家相区别的地方——古代国家之所以能产生和维持统一，是因为国家对各个不同的群体施以外部的压力，而在民族国家当中，国家的活力源自"臣民"之间自发的、深层的凝聚力。事实上，这些"臣民"就是国家的组成部分，他们不会感到国家是某种与他们不相干的东西，这正是民族国家的新颖之处、美妙之处。

然而，勒南差不多是把他本可以获得的成功一笔勾销，给全民表决赋予了一种回溯性质的含义。在他那里，全民表决指涉的是一个已经成形的民族国家，由全民表决来决定这个民族国家的延续。我想做的，是改变这个定义的方向，让它来指涉"正在诞生"（in statu nascendi）的民族国家。这才是具有决定性意义的方向。因为事实上，一个民族国家是永远不会定型的。在这点上，它与其他类型的国家是不一样的。民族国家永远是要么在形成之中，要么正在解体，"不存在第三种可能"（tertium non datur）。它要么在获得越来越多人的支持，要么在逐渐丧失人们的支持，这要看国家在当时是否代表了一项充满生气的事业。

因此，重新审视一下西方人所经历的一系列使各个群体逐渐壮大的统一事业，是很有教益的。我们会看到，欧洲人的生活，不论在公共领域，还是在最私人的领域，是如何与这些事业紧密相关的；他们是焕发出斗志，还是萎靡不振，而这取决于他们是否拥有一项共同事业。

这项研究还能让我们看清楚另一件事情。古代人的国家事业并不能让其内部的群体形成凝聚力，他们的国家形态总是逾越不了一个命定的限制——部落或是城市，正因如此，古代人的国家事业几乎是无限的。波斯人、马其顿人或是罗马人可以将地球上的任何一个部分纳入其主权统一体内。这个统一体并不是真实的、决定性的，它没有做到内在的统一，因此，它的存在仅仅是依附于征服者的军事行动和行政管理的效率。而西方民族国家的统一进程则必须经历一系列不可回避的阶段。理应让我们感到奇怪的是，在欧洲还没有形成一个在规模上可与波斯帝国、亚历山大的帝国或奥古斯都的帝国相比肩的庞大帝国。

欧洲民族国家的创造过程总是遵循着这样的步骤：**第一阶段**：把国家当成是不同民族的融合，融合成一个在政治上和道德上共同生活的统一体，这种西方人特有的直觉，开始作用于那些在地理、族群构成和语言方面最为接近的群体。并不是因为这种邻近性可以成为民族国家的基础，而是因为邻近群体间的差异更容易被克服。**第二阶段**：这是巩固的阶段，新国家的国民感到国家之外的那些民族都是外人，差不多是敌人。在这一阶段，民族国家进程表现出排外性，趋向于封闭自己，这种表现就是我们今天所说的**民族主义**。但实际的情况是，一方面国人将这些**其他人**视为**政治**层面的外人和对手，另一方面，又在经济层面、智识层面和道德层面与他们共同生活在一起。民族主义战争消解了不同民族间技术和精神上的差异。于是，原先互相敌对的民族渐渐地取得了同质性*。渐渐地，这样的一个意识越来越清晰：这些与我们敌对的民族，和我们一样属于同一类人。尽管如此，他们仍然被当成外人和敌人。**第三阶段**：国家得到了全面的巩固。此时浮现出一个新的事业：把昨天还与己为敌的民族跟自己联合起来。这样的一个信念愈来愈强：他们和我们拥有相似的道德观念，有着相近的利益追求，我们可以共同组建一个大国家，以与其他的距离更为遥远、差别更为巨大的群体相抗衡。由此，新的民族国家理念终于成熟了。

举一个例子，让我说得更明白一些：人们常常认定，在熙德生活的时代，西班牙——斯巴尼亚（Spania）——就已经是一个民族国家概念了，为了让这一观点更为牢靠，还有人补充说，在比熙德更早的几个世纪之前，圣伊西多罗①已经有"西班牙吾母"的说法了。在我看来，这是一个严重的历史视角的错误。在熙德的时代，莱昂-卡斯蒂利亚国已经在酝酿之中，

---

* 虽然这种同质性是尊重原有的差异的，并不能将源头上的多样性抹杀掉。
① 圣伊西多罗（San Isidoro，556—636），西班牙西哥特王国时代的人文学者，曾担任塞维利亚大主教。

莱昂和卡斯蒂利亚的统一体就是当时的民族国家理念，是政治上有效的理念。而西班牙——斯巴尼亚则是一个主要由学者们使用的理念，是罗马帝国在西方的土地上种下的众多生殖力旺盛的概念之一。"西班牙人"已经习惯了被罗马整合在一个行政单位里，整合在帝国晚期的"主教辖区"里。但是，这一地理-行政理念是他们完全被动地接受的，不是他们发自内心的灵感，更不是他们的追求。

不管他们想给这个11世纪的理念赋予多大的真实性，他们终究会认识到，在活力上，在精确性上，这个理念甚至都比不上公元4世纪希腊人持有的"希腊"（Hélade）概念。然而，"希腊"（Hélade）从来不是真正的民族国家理念。我们不妨这么说："希腊"（Hélade）之于4世纪的希腊人，"斯巴尼亚"之于11世纪乃至14世纪的"西班牙人"，正如"欧罗巴"之于19世纪的"欧洲人"。

这向我们表明，民族国家统一事业会渐渐地到达它的火候，就像一支曲子的旋律会渐至达到它的高潮。昨天的相似性，需要等到明天才能迎来民族国家灵感的集中爆发。无论如何，几乎可以确定的是，那一刻必定会到来。

现在，**欧洲人**迎来的是欧洲可以转化成民族国家概念的时代。在今天相信这一点，要比在11世纪预见西班牙的统一和法国的统一更少一些乌托邦意味。在通往一个庞大的大陆国家的道路上，这个西方民族国家越是对自己的真实本质保持忠诚，就越是能畅行无阻。

九

　　当欧洲的各个民族国家刚刚形成各自现在的轮廓时，欧洲作为背景在它们的周围和脚下浮现出来。正是在欧洲这个统一的底色上，它们开始各自发展，从文艺复兴直到今天。这个欧洲底色就是由这些民族国家共同构成的，它们不知不觉地开始摆脱群雄纷争的状态。法国、英国、西班牙、意大利和德国互相打来打去，组成互相敌对的联盟，接着又分化，然后组建新的联盟，尽管如此，不管是战争还是和平，它们都是在对等的状态下共同生活，而罗马无论是在战争状态下还是在和平状态下都无法让凯尔特－伊比利亚人、高卢人、不列颠人和日耳曼人做到这样。历史总是让战争冲突显得最为引人注目，其次是政治，政治是统一的萌芽最晚冒出来的地块。然而，两个国家在一块土地上鏖战的同时，也在其他的许多个地方展开商贸往来，交换思想观念、艺术形式与宗教信条。我们可以说，炮火震天的战争只是一块幕布而已，在这块幕布的背后，和平正在紧锣密鼓地工作，编织这些敌对的民族国家的生活。随着世代的更替，人们的心灵越发趋向于一致。如果我们要说得更确切一点同时又更谨慎一点，不妨这样说：法国人、英国人和西班牙人的心灵，过去、现在和将来都尽可以大不一样，但他们的心理蓝图或者说心理结构是一样的，尤为重要的是，他们渐渐地具有了共同的内容。他们的宗教、科学、法律、艺术、社会价值乃至性爱观念都渐趋一致。这些都是要生活下去必须仰赖的精神性的东西。这种一致性是达到相当的高度的，就算这些心灵是用同一种模具浇铸出来的，也不会达到如此一致的程度。

今天如果给我们头脑里的内容做一个盘点——看法、规则、欲望、猜想，我们一定会发现，对于法国人或者西班牙人来说，这其中的绝大部分并不是来自法国或者西班牙，而是来自于那共同的欧洲背景。今天实际的情况是，在我们每一个人的身上，欧洲的成分要远远地重于法国的、西班牙的等与其他民族相区别的成分。如果我们做一个想象中的实验，让我们仅仅依靠各自的传统而生活，做"一国之民"，如果把普通法国人的所用、所思和所感中一切来自欧洲其他国家的影响统统剔除掉，那么我们和他们都会感到恐惧。我们终会发现，我们是不可能仅仅依靠自己民族国家的那部分生活的，我们的精神财产中有五分之四的部分是欧洲的共有财产。

生活在地球这一侧的我们，如果不去实现"欧罗巴"这个词四百年来所意味着的承诺，那么就实在看不出来，还有其他什么有价值的事情是我们可以去做的了。与"欧罗巴"相抵触的，只有旧"民族国家"的偏见，也就是将民族国家寄托在过去的理念。我们将会看到，欧洲人是否也是罗得之妻[①]的后代，在创造历史时执着地把头扭到身后。我们之前提到罗马，提到古代人，以对今天的我们起警示之用；有一种人，脑子里一旦被灌入某个关于国家的概念，就很难把它抛弃了。幸运的是，民族国家的理念是欧洲人有意无意创造出来的，并不是他

[①] 罗得之妻是《圣经·创世记》中的人物。在所多玛城遭到毁灭之前，罗得一家踏上逃亡之旅，罗得之妻出于好奇，违反了耶和华早先的告诫，回头看身后发生了什么，遂变为一根盐柱。

们被灌输的带着学究气和考据癖意味的理念。

现在,我来总结一下本书的论点。今天的世界正在遭受一次严重的道德崩坏,其表现之一,就是一场声势浩大的大众的反叛。这一危机的根源,在于欧洲的道德崩坏。欧洲道德崩坏的原因有很多,最主要的原因之一,就是欧洲对自己和对世界其他地方施行的统治权发生了转移。欧洲对领导世界失去了信心,世界其他的地方也不再甘于被领导。维持了多年的统治陷入了分崩离析的境地。

不再有"鼎盛时代"了,因为"鼎盛时代"的观念意味着一个清晰的、预先确定的、明白无误的未来,就像19世纪的欧洲人所预想的那样。那时候,他们确信自己知道明天将发生什么。而如今地平线再次向新的未知地域打开,**因为**人们不知道**谁**会成为这个世界的统治者了,也不知道这个世界的权力将如何架构起来。也就是说,不知道哪一个民族或者哪一帮民族将会统治这个世界,进一步说,是什么样的人种、什么样的意识形态、什么样的偏好体系、规则体系、生命运动体系……将引导这个世界。

现在,没有人知道在不远的将来,人类事务的重心将会向哪里倾斜,由此,世界上的生活进入了一种游移不定的状态。除了某些科学中的某些领域外,公共事务、私人事务中的一切,包括个人内心,都变得游移不定。一个人若是对今天宣扬的、炫耀的、试行的、赞颂的一切都不予信任,他就做对了。这一切都将以比到来时更快的速度匆匆而过。从体育运动的偏执（是偏执，而非体育本身），到政治上的暴力；从"新艺术"，到那些荒唐的时髦海滨浴场上的日光浴。这一切都是无根之木，因为它们都是糟糕的发明，等同于轻浮的随想。它们不是源自生活的本质基底的创造，不是真正的生命追求和生活必需。一句话：它们都是虚假的生活。我们面对着一个矛盾的情形：这是鼓励人真诚的生活方式，同时，它又是一种伪造出来的东西。只有当生命中的行动是必须的、不可取消的时候，我们才可以说，这个生命是真实的。今天，没有哪个政治家觉得自己的政策是非如此不可的，他的姿态越是极端、越是轻浮、越是远离命运的要求，他就越不能感到自己政策的必然性。只有发自自己根系的生活才是真正的生活，只有由非如此不可的行为构成的生活才是地道的生活。其余的那些，那些我们可以随意拿起、丢弃或替换的东西，则是伪造的生活。

我们现在的生活是一个权力真空期的结果，这是过去的统治组织形式和未来的统治组织形式之间的真空。因此，我们现在的生活从本质上说是暂时的、游移不定的。今天的男人不知自己该为什么样的制度效力，女人不知自己真正最爱的是哪一种男人。

欧洲人必须将自己投入到一桩宏伟的统一事业之中，否则他们不知道该怎么生活。要是没有这样的事业，他们就会堕落，就会松弛，就会丧失灵魂。如今，这种状况已经初见端倪。我们直到今天还称作"民族国家"的这些共同体，已经在差不多一百年前到达了它们扩张的顶点。如果不超越现有的界限，在它们身上也就不能有什么作为了。现在，它们不过是堆积在欧洲人周围的历史累赘,将欧洲人困于其中,使之无法前行。我们怀着前所未有的生命自由的感觉,感受到在每一个民族之内,空气都变得无法呼吸,因为这是一种幽闭的空气。每一个民族国家,之前是开放、活跃、大气的,现如今都变得格局狭隘了、"内向"了。在我们想象的欧罗巴超级国家当中,现有的多样性不会也不应当消失。古代国家要么将治下的各族人之间的差异统统抹掉,要么让这些差异失去活力,成为僵死的干尸,而民族国家的理念则是充满动力的,它需要西方人生活长期保持的这种多样性继续存在并保持活跃。

所有人都感到,现在亟需一种新的生活原则。但是,就像经常在类似的危机中所发生的那样,有些人试图对已经过时的原则进行人为的强化,以此来挽救时局。这就是这些年来民族主义热潮喷涌不歇的意义所在。这样的情况——我再说一遍——是经常发生的。最后的火焰是持续最久的。最后一声叹息是最为深沉的。在彻底消失的前夜,边界开始表现出感觉过敏的症状——我指的是军事边界和经济边界。

可是,所有的这些民族主义都是死胡同。如果我们试着将它们投射到明天,它们无一例外会碰壁,找不到任何出路。民族主义作为一股推动力,其方向总是与塑造民族国家的原则截然相反。前者是排他性的,而后者是包容性的。在国家巩固的时代,民族主义作为一种高高在上的准则,是有着积极价值的。可是在今天,欧洲的所有国家都已经巩固得过头了,民族主义就成了一种偏执狂的表现。创新和开启伟大事业是今人的责任,民族主义成了逃避这种责任的借口。看看它运作时采用的手段是何等简陋,看看它赞颂的是什么层次的人,我们就能很清楚地发现,民族主义是站在一种伟大历史创造的对立面的。

只有将欧洲大陆上各个民族的人都聚集起来,共同建设一个伟大的国家,欧洲的脉搏才能恢复正常的跳动。那时候,欧洲才会重拾对自己的信心,并且自动地对自己严加要求,做到严于律己。

但是,现在的形势远比一般人认为的要凶险。岁月平静地流逝,欧洲人怕是已经习惯了现在这种格局狭小的生活,习惯了既不统治别人、也不被别人统治。长此以往,欧洲人所有的美德和高超才能就会渐渐丧失了。

但是,就像在民族国家建立过程中总会发生的那样,欧洲的一体化也会遭到保守阶层的反对。欧洲的一体化可能会给他们带来灾难,因为除了整个欧洲道德彻底崩坏、欧洲失去历史活力的威胁之外,还有另一个非常明确的、迫在眉睫的威胁。共产主义在俄国取得胜利时,很多人相信,整个西方都会被红色浪潮淹没。当时,我就不赞同这种预测。我写文章说,俄国式的共产主义,是一种欧洲人难以吸收同化的东西。欧洲民族在历史上一直把他们的所有精力和热情投入到对个人主义的追求中。若干年过去了,当时吓得瑟瑟发抖的人恢复了平静。可就在他们刚刚恢复平静时,又一个让他们不安的时代到来了,因为现如今这势不可挡、高唱凯歌的共产主义确实有可能席卷欧洲。

我的推断如下：现在，就和过去一样，对于欧洲人来说，俄国式共产主义信条的内容不能令他们感兴趣，无法吸引他们，它不能为欧洲人勾勒出一个可期的未来。之所以如此，并不是因为共产主义使徒们——他们就和所有的宗教使徒一样的固执、盲从、罔顾事实——宣扬的道理有多么平庸。西方的"资产阶级"很清楚，就算没有共产主义，那些单单依靠吃租金生活并且会把自己的产业传给子女的人也没有多少天好日子过了。欧洲人之所以拒绝接受俄国式共产主义信仰，并不是因为这个原因，更不是因为恐惧。二十年前，索雷尔①用以建立其暴力策略理论的那些武断的观点，今天在我们看来是相当荒谬的。资产阶级并不像他认为的那样懦弱，而且在今天他们要比工人阶级更具暴力倾向。大家都知道，布尔什维克主义之所以能在俄国取得胜利，是因为在俄国没有资产阶级存在[*]。法西斯主义作为一种"小资产阶级"运动，表现得要比所有的工人运动加起来还要更暴力。这些都不是阻止欧洲人被卷入共产主义运动的真正原因，真正的原因很简单：在共产主义的组织中，欧洲人看不到人类幸福增长的希望。

然而，我还是觉得，在接下来的几年里，欧洲极有可能为布尔什维克主义心醉神迷一番。这不是因为布尔什维克主义有多好；尽管它有不好的地方，欧洲人还是会痴迷于它。

---

① 索雷尔（Georges Sorel, 1847—1922），法国哲学家，工团主义理论的代表人物之一。
[*] 这一点足以让我们确信，马克思的社会主义与布尔什维克主义这两种历史现象几乎没有什么共同之处。

我们不妨想象一下，苏维埃政府下大气力执行的"五年计划"终于实现了它的预期目标，规模庞大的俄国经济不仅恢复了元气，更是表现得繁盛兴旺。不管布尔什维克主义里面装着的是什么内容，它都代表了人类的一次伟大尝试。在布尔什维克主义的尝试中，人们决绝地拥抱了改革的命运，在给他们注入信仰的崇高纪律下保持紧张的生活状态。自然的力量向来是不听从于人类的热情的，如果它没有让布尔什维克主义的尝试受到严重挫折，只是给它打开一条稍微顺畅一点的通路，那么这一宏伟的事业也一定会像耀眼的新星那般照亮欧洲大陆的地平线的。此时，如果欧洲还沉迷在如现在这般毫无崇高可言的植物性状态中，因为缺乏纪律约束而神经松弛，没有新生活的规划的话，它怎么能不让自己受到如此卓越的事业的感染呢？只有不了解欧洲人的人才会相信，欧洲人在听到这新事业的召唤时会无动于衷。此时，除了布尔什维克主义，他们没有别的崇高旗帜可选。只要能投身于某种给生命赋予意义的事业，藉此逃离生命空虚的状态，欧洲人会很轻易地抛弃他们对共产主义持有的异议，追随这一事业的。他们受之吸引，不是因为它的实质内容，而是因为它摆出的崇高姿态。

在我看来，只有将欧洲建成一个伟大的民族国家的事业，才是唯一可以与胜利前进的"五年计划"相抗衡的事业。

政治经济学的专家们信誓旦旦地说，俄国人的"五年计划"真正取得成功的可能性是极小的。但是，反对共产主义的人把希望全部寄托在他们的对手遇到的物质困难上，这样的态度是令人不齿的。如果俄国人失败了，那就等于是全世界的失败，是所有人的失败、当代人类的失败。共产主义是一种离经叛道的"道德"，但它毕竟还是一种道德。我们用一种西方的新道德、一种新的生活方案来与这种斯拉夫人的道德相抗衡，岂不是更体面也更有成效吗？

第十五章　最后，我们来面对真正的问题

问题就是：欧洲已经没有了道德。并不是说大众人否定了一种旧道德，树立了一种新道德，而是因为大众人生活制度的核心即在于追求不依从于任何一种道德准则的生活。当你们听到年轻人说什么"新道德"的时候，一个词也不要相信。我坚定地认为，今天在欧洲的任何一个角落，都没有哪个群体受到了任何一种有道德气息的新风尚的吹拂。那些口口声声"新道德"的人，不过是在犯下又一桩败坏道德之举时，试图以最舒适的方式来偷运私货。

因此，指责今天的人缺乏道德，是天真之举。面对这样的责难，那些人不仅不会上心，甚至会觉得自己是在受表扬。道德败坏已经成了一种极为廉价的行为，每一个人都可以为自己罔顾道德而洋洋自得。

如果我们仍旧把所有那些意味着过去的延续的群体——基督徒、"唯心主义者"、老自由派，等等——撇在一边，看看代表着我们今天时代的所有群体，我们会发现，他们对待生活的态度无一例外都是：认为自己拥有一切权利，没有任何义务。不管他们是戴着反动者的面具，还是革命者的面具，都一样：不管他们怎样翻过来倒过去地变换身份，他们的心态始终是无

视一切义务，自觉拥有无限权利的，而他们压根儿不会去想自己凭什么拥有无限的权利。

任何一种思想，一旦被这样的心灵所接受，结果都是一样的，会变成他们不依从于任何一种具体观念的借口。这样的人，要是表现为反动者或是反自由主义者，就会理直气壮地宣称，拯救祖国、挽救国家的需要，赋予他铲除其他一切规则、打击同胞的权利，尤其是要打击那些拥有可贵人格的同胞。要是他喜欢做革命者，也是一样：对手工工人、穷苦人和社会公正表现出来的热心，不过是他的一副面具，用以漠视一切义务——比如，讲礼貌、为人真诚，以及尤其是对比他更优秀的人的尊重和欣赏。我认识不少这样的人，他们加入这个或那个工人运动政党，不过是为了给自己争来鄙视知识、不用再对知识卑躬屈膝的权利。至于其他的专制形式，我们已经很清楚地看到，他们是如何讨好大众人，把一切崭露头角之人踩在脚下的。

这种回避一切义务的态度，可以部分地解释今天流行的一种荒诞而不光彩的现象："青年"成了一个使用广泛的托词。也许我们这个时代再没有比这更为粗鄙的特征了。人们都戏谑式地自称"青年"，因为他们听说，青年人拥有的权利多于义务，永远长不大的年轻人可以永久拖延履行义务的时间。只要是青年，就可以自认为免除了**做大事**或者**有所成就**的义务。青年总是可以靠着借钱生活。这样的品性是藏匿在人的本性当中的。这就像是年长者赋予年幼者的一种虚假的、温柔的、带着逗乐意味的权利。令人惊讶的是，年幼者们倒是把这权利当了真，这样就能把其他的一切权利也归入自己名下，而那些权利原本仅仅是属于已经有所成就的人的。

虽然看上去不像是真的，他们已经把"青年"变成了一种敲诈手段。事实上，我们就生活在一个敲诈无处不在的时代，敲诈采取的是两种看上去互为补充的形式：暴力和搞笑。不管是采取哪种形式，追求的目的是一样的：让处于下层的人、凡庸之人能摆脱一切听从于人的义务。

所以，我们不应当把当前的危机加以美化，把它说成是腐朽道德、腐朽文明和新生道德、新生文明的冲突。大众人缺乏的仅仅是道德，道德，从本质上来说，永远是屈从于某种高级力量的情感，是对奉献和责任的自觉。不过，这里说"仅仅是"，或许是一个错误。大众人不仅仅是漠视道德。问题还不是这么简单。道德是不会无缘无故地被漠视的。所谓"非道德"（amoralidad）是不存在的，这个词也不合语法。如果你不肯依从于任何一条规则，不管你愿意还是不愿意，你都必然依从于否定一切道德的规则，而这不是"非道德"，而是反道德（inmoral）。这是一种否定性的道德，它保留了另一种道德的空洞形式。

人们怎么至于相信生活的非道德状态呢？毫无疑问，这是因为整个现代文化、整个现代文明都指向这种信念。现在，欧洲正在品尝它的精神行为的苦果。它毫无保留地投向了一种美丽炫目却没有根基的文化。

本书试图勾勒出某种类型的欧洲人的肖像，着重分析这一类人在面对他们生于其中的文明时采取的举动。我必须这么做，因为这一类人代表的不是一种反抗旧文明的新文明，而是单纯的否定，这种否定背后隐藏的实际上是一种寄生虫行为。大众人赖以生存的，恰恰就是他否定的、由别人建造或积累起来的东西。因此，我们不应当被大众人的心理图谱迷惑了眼睛，看不到真正重要的问题：现代欧洲文化究竟有哪些根本的缺陷？因为显而易见的是，说到底，如今占据主导地位的这种人得以产生，根源正在于这些缺陷。

不过，要探讨这个重大问题，我不得不另外再写本书了，因为要探讨的内容实在太多。那会逼迫我去充分地发展一套关于人生的理论，而这套理论就像复调一样，已经在本书中有所交织、暗示和隐现了。也许，它很快就能唱响了。

英文版后记

　　一年前,在荷兰的某个风景秀丽的地方——命运把我发配到那里——我撰写了本书第一个普及版的《法文版前言》。当时的英国正在迎来它历史上问题最多的时期之一,在欧洲很少有人对英国潜在的优势抱有信心。最近这些年来,有如此多的事情遇到了挫折,人们出于思维的惰性,倾向于质疑一切,也对英国产生了怀疑。他们说,这是一个正在走向没落的民族,所有傲慢的人——这样的人一开始表现得不可一世,到最后终于露出无知者的真面目——都胆敢将英国羞辱一番。然而——尽管我那样做需要承担一些风险,在此我不说是什么样的风险——当时我还是怀着坚定的信心指出,英吉利民族承担着欧洲的使命,两百年来他们一直承担着这一使命,今天他们继续受到这一崇高使命的召唤。当时我没有想到的是,事实很快就证明了我的判断,并且增强了我的希望。而英国人则以更快的速度调整好自己,接受了他们在面对欧洲大陆时必须承担的命定的角色。如今,英国正在尝试着完善自身,这是非凡的壮举。在最为猛烈的风暴中,英国这艘大船调整了它所有的风帆,修正了它的航道,顺应了新的风势,它的船舵的每一次微调都会改变世界命运的走向。英国人在做出所有这些举动时并没有大张声势,他们的行动超越了所有的话语,包括我刚刚说的那些。显然，创造历史的方式有很多种，几乎可以这么说，有多少种毁灭历史的方式，就有多少种创造历史的方式。

几个世纪以来，经常发生的情况是，欧洲大陆的人在某一天早晨醒来，抓着头叫道："这些英国人呐！……"这句感叹意味着吃惊、惶恐，以及意识到自己面对着某种崇高的、却又无法理解的力量。事实上，英吉利民族是这个星球上最为奇特的存在。我指的不是单个的英国人，而是英国社会，英国人组成的这个集体，其奇特之处、绝妙之处不在心理学层面，而是在社会学层面。而社会学是迄今为止普通人了解得最少的学科之一，因此，要是不事先做好功课，就很难说清楚为什么英国是奇特的、绝妙的，更不用说尝试着去把英国是如何变得如此奇特的过程说清楚了。有些人相信，一个民族是有着一种预先存在的"性格"的，其全部的历史就是由这种性格生发出来的。跟这样的人是没法展开对话的。所谓"民族性格"，就和所有属于人性的东西一样，并不是先天的禀赋，而是一种被制造出来的东西。民族性格在历史长河中是不断地被制造、被摧毁、被再造的。虽然从词源上看，"民族"（nación）与"出生"（nacer）有关，但一个民族不是生出来的，而是造出来的。民族是一桩或成功或失败的事业，它始于一段磨合期之后，不断发展，不断修正，有时候会"断线"，然后又不得不接上断头，重新开始。我们有兴趣了解的是，在近一百年来，英国人的生活有哪些不同寻常的、令人惊奇的特征。接下来我们可以尝试着去揭示英国人是如何养成这些社会学品质的。我坚持用"社会学"这个词，虽然这样做有卖弄学识之嫌。在这个词的背后，有真正本质性的、内容丰富的东西。我们有必要把心理主导说从历史中剔除出去，这门学问已经被其他的学问超越了。英国的独特之处不在于它创造的个人类型。如果说单个的英国人要比东方和西方现有的其他个人类型更优秀，这样的说法是站不住脚的。不过，有的人还是认为，英国人的生活方式在其他所有民族之上，他们把这看成是一个孰优孰劣的问题。我认为，英吉利民族的独特之处、不同凡响之处在于，他们懂得如何利用人类生活的社会性、群体性一面，他们懂得如何建构一个社会。在这点上，他们确实与其他所有民族大相径庭，而这不是孰优孰劣的问题。或许，不久之后，我会找到机会来进一步阐发我的这一观点。

虽然我们对英国保持尊敬，但这并不意味着在面对英国的缺点时，我们不会恼火。没有哪个民族在它的负面上是表现得可以令人忍受的。英国人在他们的负面上同样是惹人愤恨的。一个民族的优点，就像一个人的优点一样，某种程度上是建立在他的缺点和局限性之上的。当我们来到一个国家时，我们首先看到的是它的边界，是这个民族精神意义上和物理意义上的界限。最近这几个月来的紧张局势，让几乎所有的国家都在各自的边界上徘徊，也就是说，它们展示了自己最为根深蒂固的缺陷。如果我再补充一句，人们争论的主要话题之一是西班牙，你们就能明白，我是在多么痛苦地忍受英国人、法国人和美国人的缺点、愚蠢和恶习。最令我吃惊的是，在这些国家的公共舆论中，有些人执拗地不愿把事实搞明白；当他们谈论西班牙时，我最渴望看到的是某种大度的姿态，在我看来，这是世界上最值得珍视的东西。在盎格鲁-撒克逊世界——我指的是这些国家,而非它们的政府——阴谋、轻浮之举、愚蠢之行、旧的偏见和新的虚伪肆意横行,无人阻拦。人们认真地倾听那些最愚蠢的意见,但凡是原创的就是好的,另一方面,人们无论如何不愿听到任何一个能把事实说清楚的西班牙人的意见,或者,只有把这样的意见进行一番歪曲,他们才听得进去。

这使得我一遇到机会就说起西班牙,我相信这是形势所迫——只要多疑的英国公众能听得进去。我写了一篇题为《关于和平主义……》的文章,附于本文之后。在这篇文章中,我看上去不是在谈西班牙问题。如果读者是善良之人,一定不会忘记这篇文章是写给谁的。这篇面向英国读者的文章代表了我让自己适应英国习俗的努力。我在文章中放弃了一切"闪光",采用了一种匹克威克式的文风,处处小心谨慎,多用委婉语。

我们应当想到,英国人不是一个作家民族,而是一个商人、工程师和虔诚信徒的民族。因此,他们知道如何锻造出这样的一种语言和说话风格:不把真正想说的说出来,更多是暗示,能不说出来的尽量不说。英国人到这个世界上不是来滔滔不绝的,而是努力缄口不语的。在他们的烟斗后面,是平静沉稳的脸庞,他们小心守护着自己的秘密,不让任何一个秘密泄露出去。这是一种卓越的力量,对于整个人类来说,英国人能将这种珍贵品质、这种沉默寡言的威力保存完好,是非常重要的。但是,这种品质要是放在其他民族身上,就会大大地有碍于他们发挥才智了，对我们这个民族来说尤其如此。南欧人总是倾向于话多。曾经教育我们成长的希腊，很早就让我们的舌头舒展开，让我们成了"先天性"的冒失鬼。阿提卡人的典雅风格战胜了拉科尼亚式的简明风格，对于雅典人来说，生活就是言谈、说话，用嘹亮悦耳的声音将内心里最神秘的东西倾吐在风中。因此，他们将言说神化了，他们给"逻各斯"赋予魔力，以至于修辞学之于古代文明，就如同物理学之于近几百年来的我们的文明。在修辞学的影响下，拉丁语民族的人发展出一套复杂而动听的语言，其响亮、生动和优雅，都是无与伦比的。这些语言都是由在广场上、讲坛上、酒肆和咖啡馆里展开的无尽的言谈打磨出来的。因此，当我们站到这些身材高大的英国人跟前，听到他们嘴里发出那一连串轻柔而冷淡的如猫叫一般的语音时，不免会感到惊诧。

　　后面那篇文章的主题是，西方的各个民族——也就是说，从幼年起就生活在一起的各个民族——如今陷入了互相不理解的局面。这个现象是令人惊讶的。因为欧洲一直是像一大家子人那样，各个小家从来不相互隔绝，各家的生活一直相互交叉在一起。如今这些互不相识的民族，小时候是在家族大宅子的走廊里一同玩耍的。今天他们之间有着深深的误解，何以至此？之所以出现这么糟糕的局面，原因是复杂的，是长期积累的。如果我们要从千百种原因中拿出一条来讲的话，大家可以看到，如今已经成为习惯的是，一些民族喜欢充当另一些民族的审判官；民族与民族之间相互鄙视、相互辱骂，仅仅因为是不同的民族；实力强的民族觉得一个小民族的风格或者"性格"是荒诞不经的,仅仅因为后者在军事上或者经济上是羸弱的。如果我没有说错的话,这些现象是最近五十年才首次出现的。18世纪的法国百科全书派尽管傲慢、刻薄,自认为掌握了绝对真理,却也绝不会瞧不起一个像西班牙这样的"没文化"的、发育不良的民族。如果他们当中有谁这样做的话,一定会引起一片哗然,因为这表明,作为当时的典范之人,他就像个"暴发户"一样,只看到人的经济实力的差别,看不到人的高下之别。18世纪是好奇心之旅的世纪,人们对邻人的与己不同之处充满了友善而愉快的好奇。这才是真正的世界主义(cosmopolitismo)的意义所在。福格森、赫尔德和歌德的世界主义是与今天的"国际主义"(internacionalismo)完全不同的。世界主义的动力,不是来自于对不同民族间的差异的消除,而是来自于对这些差异保持的热情。它寻求生活形式的多样性,不是要消灭多样性,而是要将这种多样性加以整合。世界主义的口号,正如歌德所说:"只有所有人在一起才能体验到真正的人性。"歌德之后的浪漫主义正是对这一口号的推崇。浪漫主义者迷恋其他的民族,恰恰是因为这些民族是他者,在异域的、难以理解的习俗中或许能发现神秘的伟大智慧。从原则上说,浪漫主义者这样想是有道理的。比方说,毫无疑问的是,今天的英国人为他们政治上的强大蒙蔽了眼睛,很难看到在"晒太阳"这种举动中有什么精致之处和优良传统,他们觉得这是典型的好逸恶劳,而地道的西班牙人却经常把晒太阳当成正经事来做。英国人可能会觉得,穿上灯笼裤、拿一根棍子击打一只小球才算文明的行为,他们自豪地把这一举动称为"高尔夫"。

问题是严重的，我后面的文章只是触及了这个问题最紧迫的一面。或许，正是这种相互之间的不理解，使得很少犯严重历史错误的英国人犯下了和平主义的大错。在导致今天世界遭受种种灾难的所有原因当中，最明确的一个原因，或许就是英国的裁军。这几个月以来，英国人凭借着他们的政治天才和难以置信的自制力，避免了错误的极端化。或许，是担负责任的意识，促使他们做出了这个决定。

所有这些，在我接下来的文章中都有平心静气的论证。我不想表现得有多高调，我只是怀着诚挚的希望，愿为欧洲的重建出一份力。我还想告诉读者诸君的是，文中所有的附注都是我现在才加上去的，这些附注提到的历史事件都发生在本月。

1938年4月于巴黎

关于和平主义……

从二十年前开始到现在，英国政府和英国舆论一直都奉行和平主义。其实，我们用"和平主义"这个名字来指称多种不同的态度，是错误的。在现实情况中，这些态度是相差巨大的，甚至往往是互相对立的。事实上，和平主义是有很多种形式的，这些不同形式只有一个共同点，而这一点是相当模糊的，那就是：相信战争是一种灾祸，并谋求把作为人类交往形式之一的战争灭绝掉。和平主义者们刚刚跨出第一步，就开始意见不合了，他们互相发问，战争的消失在何种程度上是绝对可能的？在这个纷争不断的地球上，建立和平需要哪些手段？当他们思考这个问题时，分歧就显得更大了。或许，对和平主义的多种形式做一次详尽的研究，要比我们预想的更为有用。这样一项研究很可能给我们许多启发，我们也能藉此搞清楚，英国——其政府和其舆论——二十年来所奉行的和平主义究竟是怎样的一种和平主义。不过，我不打算在此展开这一项研究，现在还不是时候。

另一方面，今天的世界还是把糟糕的事实呈现在我们眼前。英国的和平主义已然失败了，这是再明显不过的事实。这意味着，英国的和平主义是一个错误。这一失败是如此巨大、如此彻底，人们不禁要重新审视和平主义的问题，并且怀疑，整个的和平主义是不是一个错误。而我更愿意尽量站在英国人的角度上看问题，我认为，英国人对世界和平的追求是一个卓越的理想，而这同样也凸显出他们的错误所在，他们错误地估计了今日世界能提供的和平的可能性，也错误地预设了一个想成为真正的和平主义者的人应有的行为。

我说这些，不是想让人沮丧。完全相反。为什么要沮丧呢？也许，世界上只有两件事情是人没有权利去做的，一个是自大，另一个就是自大的反面，沮丧。人从来都没有充足的理由去自大或是沮丧。我们可以注意到，人有一个奇怪的特点：遇到逆境或者挫败时，比如犯了一个错误，只要人意识到自己犯了错误，不利就能转化成有利，人就能迎来一次新的胜利。意识到自己的错误，就是发现了一条新的真理，仿佛在内心里亮起了一道光。

与那些喜欢唉声叹气的人所认为的完全相反，一切错误都是让我们的财富得以增长的宝矿。与其为之痛哭，不如鼓足干劲去开发它。为此，我们应当对之进行深入的研究，毫不留情地找出它的根脉，对它提供给我们的东西建立起新的认识。我想，英国人已经默默地、决绝地准备好纠正他们的错误了，他们会用一种更为明智、更为有效的和平主义来取代他们的那个奉行了二十年的和平主义。

英国式和平主义以及那些自诩为最正宗的和平主义的最大毛病，就在于贬低自己的敌人，这样的情况是经常发生的。贬低敌人会导致错误的判断。和平主义者将战争看成是一种伤害、一种罪行或一种恶癖，他忘了，战争首先是人类为了解决某些纠纷而做出的一种巨大努力。战争不是人的本能，而是人的发明。动物是不知何为战争的，战争和科学、管理一样，完完全全是由人创设出来的。战争带来了人类最伟大的发现之一：纪律。纪律是一切文明的基础。军事纪律是最早的纪律，其他一切形式的纪律都源自于此。战争是来自生活并且为生活服务的一种绝妙而强大的手段，如若忽略这一点，和平主义就会迷失，沦为无用的伪善。

和一切历史形式一样，战争具有两面：它被创造出来时的一面和它被超越时的一面。战争刚刚被发明时，它意味着一个意义重大的进步。今天，当我们试图超越它时，它在我们眼里呈现出来的只有它肮脏的背面，它的恐怖、粗暴、不足。我们也常常以同样的方式不假思索地痛陈奴隶制之恶，并没有想到，在奴隶制刚刚被发明出来时，它意味着一个卓越的进步。因为在奴隶制出现之前，惯常的做法是把战败者统统杀掉。与其把战俘杀掉，不如保存他们的性命，好利用他们的劳动力。第一个想到这一点的人，绝对是为人类福祉做出贡献的天才。奥古斯特·孔德是拥有卓越的人类洞察力的，也就是说，他是具有历史眼光的，他就是这样来看待奴隶制的诞生的，而不是像卢梭那样说了一堆关于奴隶制的蠢话。我们应当广泛地运用孔德的这种洞察力，学会以这种双重的眼光来看待一切人类事物，也就是说，看到每个事物到来时的一面和离去时的一面。罗马人很细心地将照管这两个时刻的任务委托给两个神：阿德奥娜（Adeona）和阿贝奥娜（Abeona），到来之神和离去之神。

这些都是很基本的道理，而和平主义不懂得这些道理，因而把它的任务想得过于简单了。它的想法是，要消除战争，只要不发动战争就行了，或者至多是争取让人们不打仗就行了。在它眼里，战争不过是人类交往中多长出来的一块会致病的赘肉，它以为只消把这块肉切除掉就行了，**没有必要用其他的东西来取代它**。但是，战争是一种巨大的努力，而和平是一种比战争更为艰辛的努力，是一整套极为复杂的运作，有时候甚至需要天才来发挥其神奇的作用，只有人们认识到这些，才有可能避免战争的发生。和平主义原先的想法完全是一个错误。它把和平看成是战争消失后留下的空白，因此，它无法认识到，如果说战争是一种需要动手去做的事业，和平同样是一种需要动手去做的事业，和平是被创造出来的，需要调动人类所有的潜力。和平不是现成的，不是原本摆好在那里等着人们去享用的。和平不是哪棵树上自动结出的果实。重要的东西从来不是免费赠送给人类的，人需要自己去创造，去建设，才能得到它们。因此，我们这个物种最准确的名称应该说是"造物之人"（homo faber）。

如果我们弄清楚了这一点，那么我们就会觉得英国的和平主义观念是很奇怪的了。他们认为，为争取和平可以做出的最大努力，就是解除武装，这种做法简直与逃避问题无异。要理解为什么他们会有这样的想法，就得认识到，作为这一想法的基础的，是一个判断上的错误：战争仅仅是起源于人类的激情，只要平抑这种激情，好战倾向就会土崩瓦解。要把这个问题弄清楚，我们不妨像开尔文勋爵①在破解物理学难题时所做的那样，建造一个想象的"模型"。我们来想象一下，在某一个时刻，所有人都放弃了战争，就像英国尝试着单方面去做的那样。这样就能实现和平了吗？或者说，这就算在通向和平的道路上迈出了最微小的、有效的一步了吗？大错特错！我们再重复一遍：战争是人类为了解决某些纠纷而发明的一种手段。放弃战争的做法非但不能消除这些纠纷，反而会让这些纠纷更为顽固、比以往更难解决。所有人的激情的消解与和平意志终究是完全无效的，因为既有的纠纷一直在期待被解决。**如果一直没有别的手段被发明出来**，即使地球上所有的居民都是和平主义者，战争还是会不可避免地卷土重来的。

在和平主义当中，起关键作用的并不是和平意志。"和平主义"这个词不应当继续指称一种良好的意愿了，它应当代表一套新的人类交往的手段。只有当和平主义从一种没有实据的、舒适的意愿转变为一套复杂的新手段时，我们才可以期待它产出丰硕的果实。

英国的那种和平主义给和平事业造成的巨大伤害就在于，它让我们看不到，和平主义缺乏最基本的手段。这种手段的运用，才是我们所说的"和平"——一个模糊的名称。

和平是一种关于各民族间交往形式的公法。常见的那种和平主义想当然地认为，这一公法原本就在那里，是随时可以被

---

① 开尔文勋爵（Lord Kelvin），即威廉·汤姆森（William Thomson，1824—1907），英国物理学家、数学家。

人类拿来使用的,只有人类的激情和暴力本能才会导致人无视它的存在。我们现在认为,这一想法是严重违背事实的。

公法或者公法的任何一个分支存在的条件是:第一,有一批受到特别启发的人发现了公法的某些理念或者原则。第二,这些公法理念得以在人群中广为宣传和扩散(在我们讨论的问题中,这个人群包括了欧洲和美洲的居民,也包括英国管辖的大洋洲的居民)。第三,公法理念的传播达到了相当普及的程度,使得这些理念能以"公共舆论"的形式巩固下来。只有在这个时候,我们才可以充分地使用公法这一概念,它就是现行的准则。没有立法者,不要紧。没有法官,没关系。只要这些理念真正主宰了人们的心灵,它们就必定会作为行动必须遵守的要求发挥作用。这就是法的本质。

一部关于引发战争的不可避免的原因的法律并不存在。这不仅是说,它还没有"生效"——换句话说,它尚未作为"公共舆论"中的一条准则得以固定下来——它甚至还没有作为一种理念存在,还不是哪个思想家头脑中酝酿的抽象理论。既然这样的一部关乎各民族的法律连影子都没有,理论上也尚未存在,我们还能企图让各民族间的战争彻底消失吗?我只能说,这样的一种企图是不负责任的,有悖道德的。如果单单因为拥有渴望,我们就企图让我们渴望的事情能神奇地实现,这样的企图就是有悖道德的。只有给我们的渴望配上严肃的意志,努力把实现渴望需要的手段准备好,我们才可以说这样的渴望是合乎道德的。

我们不知道,民族国家的"主观权利"(derechos

subjetivos）是什么，也不知道，一套可以规范其行动的"客观法"（derecho objetivo）该是什么样子的。最近的五十年以来，我们看到各种国际法庭、国际仲裁机构遍地开花，如此繁荣的景象，让我们看不到真正的国际法的贫乏。在此我绝不是贬低这些国际法庭的重要性。对于正义功能的进步来说，让它落实为一个特别的、明白可见的机构，永远是重要的。可是迄今为止，这些国际法庭的重要性也就止步于此了。它们执行的法律在本质上还是它们建立之前就已有的那一套东西。如果我们翻阅一下这些法庭审理过的案子，就会发现，它们和自古以来用外交手段解决的那些事情没有什么差别。这些国际法庭并没有代表在关键问题上的任何重要进步，这关键问题就是：创造一套适用于民族国家这一独特现实的法律。

如今虽然我们身处由《凡尔赛条约》和"国际联盟"这两具庞大的僵尸开启的新时代，我们也不应指望这个新时代在我们所说的关键问题上有什么大的作为。我很不情愿把读者的注意力引到失败的、做得一塌糊涂的事情上去，不过，这样做还是有必要的，为的是激发迈向新的伟大事业、面对新的建设性、有益性任务的兴趣。像创建国联这样的错误，不该再犯了。现在我们明白，这一机构在诞生之时究竟意味着什么了。在政治这种艰难事务中，犯错是常有的事，而创建国联可不是一个寻常的政治错误。这是一个应当用"深刻"来形容的错误——这是一个深刻的**历史**错误。推动国联建立的那个"精神"，或者说，派生出国联计划、国联形象的那一整套哲学、历史、社会和法律观念，在国联创建之时就已经在**历史**意义上死去了，这些观念属于过去,不是为未来而设的。我们不要以为,现在说这些是很容易的事。在国联建立之初,欧洲就有人指出,国联将不可避免地走向失败。历史上几乎已成惯例的现象又发生了一次:预言成真了。而政治家们同样是又一次忽略了预言家们的意见。预言家究竟是属于哪一种行当,在此我不做详解。我只能说,在人类群体中,他们是和政治家最为对立的种属。应当行使权力的永远是后者,而不是预言家,但是,政治家应当永远对预言家明说或者暗示出来的一切保持倾听的姿态,这对人类命运来说是非常重要的。历史上所有的伟大时代都诞生于这两类人的精细合作。或许,造成如今乱象的一个深层原因,即在于接连两代的政治家都宣称独立行事,取消了与预言家的合作。由此才产生了如今的窘迫局面——当历史和文明发展到如此高度时,我们的世界却比以往任何时候都更为随波逐流,任由一股盲目的力量随意摆布。没有了长远的先行准备,没有了预言,健康的政治越来越不可得。或许,眼下的危机能让政治家们再一次睁大眼睛,看到这个事实:有这样一种人,或是因为经常钻研某些问题,或是因为拥有如高敏地震仪那样的敏感心灵,可以先于其他人接受到来自未来的信息*。

---

* 政治天生就带有一定程度的滞后于时代的毛病。政治是一种群体现象,而一切的群体或社会行为,相对于有创造力的少数人的个人生活,都是带有崇古恋旧的特点的。大众与富有创造力的少数人之间的差距越大,社会的崇古恋旧倾向就越强烈,这种倾向会从常态发展成病态。如果我们回看一下,究竟是哪些人参与了国联的创建,就会发现,几乎没有哪个人在当时——更不用说现在——是在学识上堪为表率的。当然,我在此指的不是专家和技术官僚,他们不过是被迫去施展和执行那些政治家想出来的愚蠢政策而已。

国联是为一部并不存在的法律而设的庞大法律机器。它在法律上的空白由外交来假模假样地填补。外交假扮成法律的模样，加速了遍及全世界的道德沦丧。

请读者随便挑出一个今天国际上的重大争端，然后问问自己，能不能想到哪种法律准则，是可以哪怕在理论层面上解决这一争端的。我们举几个例子：一个昨天拥有两千万人口、今天拥有四千万或八千万人口的民族，可以拥有哪些权利？谁有权占有世界上尚未有人居住的空间？这些极为简单和基本的例子足可以让我们看到，所有那些提不出新的法律手段的和平主义都是虚幻的。当然，我们在此呼唤的法律，不是么容易就能创制出来的。否则，它早就出现了。这是一项艰难的任务，就和实现和平一样的艰难。但是，一个见证了非欧几何学、四维物理学和非线性力学的诞生的时代，完全可以不带畏惧地面对这项任务，下定决心完成这项伟业。从某种程度上说，创建新的国际法，和我们刚刚提到的科学上的新进展属于同一类问题。在这个问题上，同样是要将人类活动——法律——从长期困扰人类的某种根本性的限制中解放出来。法律是处于静止状态的，因此，它最主要的机制叫做"国家"（Estado），这个名字是有意味的。人类至今还没有发明出一种不受"情势变更条款"（cláusula rebus sic stantibus）①制约的法律形式。事实上，凡是人类的东西，都是不能"保持原状"的，而是历史的，也

---

① "情势变更条款"，法律术语，其拉丁文（rebus sic stantibus）原义为"保持原状"。该原则大致的意思是，在协议生效后，如订立协议时所遵循的情势发生变化，致使协议的基础发生改变，那么受害一方可以中止或退出该协议。

就是说，是变动不居的，永远在变化的。传统的法律只能适用于一个处于瘫痪状态的现实，而历史事实是定期发生根本性的变化的，因此，历史事实不可避免地会与法律的静止不变的性质发生冲突。法律会变成一件拘束衣，拘束衣一旦被强套到一个健康人的身上，必定会让他暴怒发狂。所以，晚近的历史才呈现出这样一副奇怪的病态，它表现为瘫痪症患者和癫痫病患者之间的永恒斗争。在国家的内部，接二连三地爆发革命；在国家与国家之间，爆发一次又一次的战争。法律想成为人类的福祉，却变成了人类的灾难，正如《圣经》所言："你们为什么使法理变为苦胆，把公义的果子变为茵陈？"（阿摩司书，6：12）

一方面是法律的静止性，一方面是现实的流动性，两者是不协调的。和平主义者试图让后者屈从于前者。在国际法问题上，这种不协调达到了最高的程度。单从法律问题上来说，历史就是统治权力分配方式的变迁过程。既然还没有哪种法律原则是可以成功地对权力的变迁加以规范的，在理论上都还不存在，一切的和平主义只能沦为美好愿望的泡影了。如果历史事实就是我们所说的这个样子，那么显而易见的是，维持"现状"（status quo）就是最大的恶（iniuria maxima）。那么国联的失败也就不足为奇了，这台庞大机器就是用来管理"现状"的。

人类需要一种动态的、弹性的、灵动的法律，这样的法律应当能与历史的频繁变迁保持同步。这样的要求并不夸张，不是乌托邦式的幻想，甚至都不算新的主张。从七十多年以前开始,民法和政治学都在往这个方向上发展。比如说,当今几乎所有的宪法都试图成为"开放"的法。无论如何,这样的想法是有点天真的,因为它折射出的企图,是让法律成为一种可以自行移动的东西。但是,在我看来,更为有益的做法或许是深入分析并且试图精确定义——也就是说,从事实中抽取出原本沉默的理论来——迄今为止这个星球上发生的最为先进的法律现象:英联邦。可能有人会告诉我,这是不可能做到的,因为这样一个奇特的法律现象,恰恰产生于这样两个原则:一个是1926年由贝尔福[①]提出的,这句话广为流传:帝国的问题不容讨论或是妄下定义。另一个是"余地与弹性"原则,由奥斯丁·张伯伦[②]在他于1925年9月12日的那次历史性讲话中提出:"请各位看看不列颠帝国各个部分之间的关系吧;不列颠帝国的统一不是由哪部有条有理的宪法造成的,甚至都不是建立在宪法的基础上的,因为我们想不惜一切代价地保留一点余地,保持一些弹性。"

如果仅仅把这两句表述看成是政治机会主义的话语,那就错了。事实上,它们非常贴切地表达了"英联邦"这一庞大的存在,并且正是在法律的意义上指称了这一存在。他们没有做的是给"英联邦"下定义,因为政治家来到这个世界上不是干这个的,而一个英国政治家会觉得,给一样东西下定义,简直是背叛自己的职业。不过,显然,有一些人的使命就是完成政

---

① 亚瑟·詹姆斯·贝尔福(Arthur James Balfour, 1848—1930),英国政治家,1902年至1905年任英国首相。
② 奥斯丁·张伯伦(Austen Chamberlain, 1863—1937),英国政治家,1924年至1929年任英国外交大臣。

治家特别是英国政治家不去做的工作：给事物下定义，尽管很多时候事物是故意显出一副朦胧不可捉摸的样子的。从原则上说，给三角形下定义不会比给雾下定义更难或者更简单。把所谓"余地"和"弹性"这样的法律情形提炼成明确的概念，是很有必要的。弹性可以让一部法律变得更具可塑性，如果这部法律还具有"余地"的话，那是因为可以预见到它的变动。如果我们不把这两个特点看成是纯粹的修辞用语，不把它们当成是一部法律的缺陷，而是将它们视为积极的品质，那么我们就有可能迎来极为灿烂辉煌的前景。也许，不列颠帝国的这一构想类似于爱因斯坦所说的"软体动物参照物"，一开始是一个晦涩难懂的概念，而在今天则成为了新力学的基础。

英国人的这种发明新的法律手段的能力，是早已在他们的法律传统中成型了的。英国的法律传统要比其他任何一个国家的法律传统都更有利于锻造出这种能力。这不是偶然。英国人看待法律的方式，是英国思想风格的具体体现。或许可以这么说，在英国思想中，西方思想的命运获得了最极致、最纯粹的表达，也就是说，把一切无生气的、物性的东西看成纯粹的动力，将看似僵死的、静止的事物替换为力量、运动和功能。在生活的一切领域，英国人都遵循了牛顿的思想。不过，我觉得没有必要在这一点上多费笔墨。我想，这一点已经上百次地被人用详细的实例证明过了。我只想说，作为一个嗜书如命的读者，我希望能读到这样一本书，其主题是：牛顿思想在物理学之外，也就是说，在生活的其他一切领域的运用。

如果现在对我的论证做一个总结，我想它一定拥有一条简洁明晰的主线。

主张和平的人，非常直接，他们操心的是如何避免这一场或那一场战争，这并不坏。但是，这并不是和平主义真正的做法，真正的做法是构建人类共同生活的另一种形式——和平。这意味着发明和实践一整套新的手段。在这套手段中，首要的就是一种新的法律手段，它一开始就能在权力分配变化的问题上揭示一些平等原则。

但是，一部新法律的理念还不是法律。我们不要忘了，法律的构成远不止于一个理念：比如，还要有膀大腰圆的警察，或者类似的力量。在纯粹的法理思想之外，还须配上许多其他的更为复杂的手段。

不幸的是，"国际法"这个名字本身阻碍了人们的视野，让人们看不到一部真正的国家间的法律是什么样子的。原因在于，在我们看来，法律似乎是一种发生在社会之中的现象，而所谓的"国际"却让我们想象一种发生在国家**之间**的法律，也就是说，发生在社会空白之处的法律。在这一社会空白之处，各个国家聚集在一起，通过一纸合约创建了一个新的社会。拜词语的神奇功用所赐，这个新社会就叫"国家社会"[①]。可是，这样一个名字是满含文字游戏的意味的[*]。一个凭借着一纸合

[①] 此指"国际联盟"，国际联盟的西班牙语名称为Sociedad de las Naciones，即"国家社会"。

[*] 英国人把这个国家集合称为"联盟"（league），这就避免了歧义，但是，与此同时，"联盟"的名称让这个国家集合脱离了法律的范畴，成了纯粹的政治领域的事情。

约而构成的社会，仅仅是民法意义上的"结社"，也就是说，社团。而一个社团要作为法律事实存在，前提是先前在相关领域已经有某部民法在发挥效力。这里的"相关领域"，就是一个业已存在的社会，它不产生于任何一个合约，而是产生于一种为时长久、根深蒂固的共同生活。这才是真正的社会，而非社团。这个社会和"国家社会"，仅仅在名字上是相似的。这就是为什么说国联拥有一个文字游戏式的名称。

在此我无意以武断的、匆匆一瞥的姿态解决法哲学和社会学上最为复杂的问题。我只是大胆推测，如果有人和我谈起某个成文的法律，我要求他告诉我，施行这部法律并且先于这部法律存在的社会是怎样的，那么我就走在了正确的道路上。在没有形成社会的地方，是不存在也不可能产生法律的。法律的诞生，需要有一个人类共同生活的统一体作为基础，习俗、风俗的形成也是如此，法律是它们的小弟，不过法律更具活力。因此，要判定一个真正的社会是否存在，最可靠的依据莫过于一部法律的存在。我们常常持有一种错误的观点，这种观点会影响上述道理的确定性，那就是：一切真正的社会都必定拥有一个真正的国家政府。显然，要等到社会发展到一个相当高级的阶段时，国家机器才会从中诞生。或许国家政府可以给法律加以修正完善，但对于英国读者来说，没有必要再阐明这一点了：在没有国家政府以及国家政府修订法律的活动存在的情况下，法律仍然可以存在。

当我们说起民族国家的时候，我们倾向于把它们想象成各个分立的、自闭的社会。这种抽象的看法忽略了最重要的一个事实。无疑,英国人与英国人之间的共处或者交往,要比英国人与德国人或法国人之间的共处来得更为紧密。但同样不可否认的是,一种广泛的全体欧洲人的共同生活是存在的,因而我们可以说,欧洲是一个社会,这个社会已经存在了数个世纪之久,拥有自己的历史,正如每一个民族国家各有其自己的历史。这个欧洲大社会的社会化程度要低于各个欧洲民族国家自16世纪以来取得的社会化程度。我们不妨这么说,欧罗巴是一个比英格兰或法兰西更松散的社会,但它的实际社会的性质是不容否认的。这一点至关重要,因为实现和平的唯一的可能性,就取决于是否真正存在一个欧洲社会。如果欧洲仅仅是一些民族国家的集合,和平主义者就可以彻底放弃他们的希望了[*]。在各个独立的社会之间,是不可能存在真正的和平的,在这种情况下,所谓"和平"不过是一种战争最小化或者战争潜在的状态。

  我们可以通过象形文字来想象现实,按此道理,一个错误的视觉形象一旦固定为我们的思维习惯,其危害自不待言。因此,我反对这样的一种欧洲形象:欧洲由许许多多的圆球——即民族国家——构成,这些圆球之间的接触是非常有限的。如果说和平主义者就是玩弄这些弹子球的人,那么有良心的和平主义者一定会感到绝望,因为弹子球之间只会发生冲撞。那么,就让我们改变这个形象吧。我们不再把欧洲的各个民族国家想象成一系列互不相干的社会,而是想象成一个唯一的社

---

[*] 关于欧洲的统一性与多样性,本书的法文版序言亦有涉及,采用的是另一种视角。

会——欧洲，这个社会的内部凝结成块或者凝结成核。这样的一个形象，要比那另一个更贴近西方人真正的共同生活。这样做并不是描绘一个理想，而是对这样的一种共同生活的事实进行图像化的表述，这种事实存在的共同生活是从罗马的统治权衰亡之后开始的*。

共同生活并不自动意味着在社会中生活或者组成社会。共同生活仅仅指涉个人之间的关系。但是，一种长久的、稳定的共同生活的存在，需要有一种高级的社会现象的自动产生为前提，这种社会现象，就是惯例——思想的惯例，即"公共舆论"；生活技术的惯例，即"习俗"；对行为进行引导的惯例，即"道德"；对行为进行管控的惯例，即"法律"。惯例的一般特点，即在于作为一种强加于人的——不管人们愿不愿意——行为准则而存在，涉及人的思想行为、情感行为和身体行为。个人可以对惯例发起反抗，后果自负；然而，恰恰是这种反抗的努力，最有力地证明了惯例实际拥有的强制性质，我们把这种性质称为"有效性"。因此，社会就是这样的一个人的集合，其中的每个人都知道自己必须服从于某些意见和价值观的有效性，也知道其他人同样必须服从于这些意见和价值观的有效性。据此我们可以说，所有的社会都必然拥有某种切实有效的世界观，一旦发生冲突，世界观是冲突各方可以求助的终极权威。

---

* 组成欧洲社会的成员并不是民族国家。正如所有真正的社会那样，欧洲社会的成员是人，一个个的个人，也就是说，欧洲人，他们是欧洲人，同时也是英国人、德国人、西班牙人。

欧洲一直是一个统一的社会，并没有绝对的国家边界存在，欧洲的历史也未曾中断过，因为作为其基底、其财富的"集体有效性"——共同的信仰和价值观——从未缺失，它们被赋予了"社会性"这种奇特的强制力量。欧洲社会是先于欧洲各个民族国家存在的，后者是在前者慈母般的怀抱中诞生和发展壮大的，这么说毫不夸张。英国读者可以在道森（Dawson）的《欧洲的形成：欧洲社会史导论》(*The Making of Europe. Introduction to the history of European Society*) 一书中比较清楚地看到这一点。

但是，道森的这本书还是有所不足。他的头脑是警醒的、睿智的，但是还没有完全从那一整套史学传统概念的束缚中解放出来。这些概念或多或少都有点戏剧的、神话的意味，非但没有起照亮历史事实之用，反倒是把它们给遮蔽了。像"欧洲社会史"这样能一下子让地平线显示清楚的概念，是极少的。欧洲社会的历史是现实的历史，没有"理想化"的成分，而这样的一个历史还从来没有被**看到**，因为史学视角中的一些传统形式遮挡了这个被我严格地称为"欧洲社会"的单一事实，同时用"诸民族国家"的复数形式的事实取代了这个单一事实，如兰克的《日耳曼民族与拉丁民族史》(*Historia de los pueblos germánicos y románicos*) 一书书名所示。事实上，这些复数形式的民族如浮沉子一般飘动在欧洲这一独一无二的社会空间中："他们在其中游动、生活、存在。"我希望能有这样一部欧洲社会史，可以给我们讲述这一人类空间的兴衰变化，让我们看到它的社会化程度是如何变化的；我们能看到，有些时候，欧洲的社会化一落千丈，欧洲的彻底分裂就在旦夕之间，也能看到，欧洲每一个时代和平因素的多寡是和欧洲的社会化程度直接相关的。对于我们今天的苦痛来说，欧洲社会化程度的高低是至关重要的。

历史事实，或者，说得更通俗一点，人类世界中发生的一切，并不是一堆杂乱无序的现象，而是有着一个严密的构架，有着一个清晰的结构的。不仅如此：或许，宇宙中唯有它才是拥有自己的结构、自己的组织的。其他的一切——比如说，物理现象——则没有自己的组织结构。它们就是一堆杂乱无序的现象，物理学家必须为它们创造出一个想象的结构。可是，历史事实的结构还是需要深入研究的。报纸上的社论、官员和蛊惑民众者的演说并不能提供给我们关于它的任何信息。只有把它研究透了，我们才有可能较为精准地在历史躯体上找到发病的部位。世界上确实存在一个广阔的、能量巨大的社会——欧洲社会。作为社会，它是由一个基本秩序维持着的，因为有一些根本性的要求——欧洲的知识和道德信条——在发挥着效用。这一秩序一直在西方一切混乱表象之下的最深处运行不紊，在连续好多代人的历史中照亮了地球的其他地区，并且在这些地方或多或少地确立了当地人有能力接受的秩序。

今天，对于和平主义者来说，最重要的莫过于考查一下，西方躯体的最深处正在发生着什么，西方的社会化已经到达了何种程度，为什么传统的"集体有效性"体系消失了，以及，这个已经消散的体系是否还保留着一点点潜在的生命力。法律是社会的自发运转，但社会是服从于一套要求的共同生活。今天，这些要求的缺失可能已经达到了欧洲历史上最严重的程度。因此，西方正在遭受的可能是自戴克里先时代或塞维鲁王朝时代以来最为严重的疾病。我的意思并不是说，这是不治之症；我的意思只是，有必要把最好的大夫请来看病，而不是随便拉一个路人；我尤其想指出的是，我们不要指望国联，从它过去的样子和现在的样子来看，它是不能提供什么解药的，这是一个反历史的机构，诅咒它的人可能会说，这个机构就是在一个充斥着匹克威克先生和奥默先生之流的俱乐部里创造出来的①。

以上的这个诊断，不管正确与否，大概听起来是深奥难懂的。确实如此。我为此感到遗憾，但是，我无法不这样。今天最为精确的医学诊断同样是深奥难懂的。普通人有谁能在看过一份详细的血液分析报告后，就能判断出某个重大疾病呢？我一直坚持与秘教主义作斗争，它是我们这个时代的一大弊端。不过，我们不要抱幻想了。从一个世纪前开始，出于一些深刻的同时也部分地令人尊敬的原因，科学就不可抗拒地步入了秘教主义的方向。这是政客们看不到其重要性的诸多事情之一，这些人为另一种极端所困，那就是通俗主义。如今，我们只有接受现状，承认知识已经彻底地远离了啤酒桌上的闲谈。

今天的欧洲正在**去社会化**，或者换一种说法，今天的欧洲缺乏一套行之有效的、可以援引的共同生活原则。欧洲的一

---

① 匹克威克先生和奥默先生分别为狄更斯小说《匹克威克外传》和福楼拜小说《包法利夫人》中的人物。

部分在极力地推崇一些它认为是"新"的原则，另一部分则在极力地维护传统的原则。这恰恰说明，不管是前者的原则还是后者的原则都是没有效力的，它们或是失去了权威，或是尚未取得权威。当一种意见或者规则真正成了"集体有效性"的时候，它的效力并不来自于社会中某些特定群体推行它或者维护它的努力。相反，所有的特定群体都会通过主张这条意见或规则来寻求自己最大的稳固性。当一条原则需要人们去为它呐喊斗争的时候，它要么还没有效力，要么已经失去了效力。反过来说，当一条原则完全有效力时，人们唯一要做的就是使用它、参照它、以它为庇护，就像对待引力定律那样。有效性在发挥其神奇作用时是无需争论、没有动静的，它们只是静静地躺在人们的心灵深处，有时候，心灵都不会觉察到自己受它们控制了，另外一些时候，心灵甚至会认为自己是在和它们作斗争。这个现象是令人诧异的，但又是无可置疑的，它是社会的基础事实。有效性是真正的社会权力，这个权力没有名称，不属于任何个人，独立于一切团体或特定的个人。

不过，反过来说，当一个理念失去了这种集体有效原则的性质的时候，要是还有人认为，稍稍地提及这个理念，就足以自觉有理或者信心十足的话，那就会产生一种喜剧性的而又令人错愕的效果。这样的情况，今天在英国和美国还在过于频繁地发生*，我们为此感到困惑茫然。这样的举动意味着一个错误，还是一种有意为之的伪装？是天真无知，还是老谋深算？

---

* 比如，在《泰晤士报》刊登的读者来信中，经常有人搬出所谓的"文明世界"或"世界良知"之类的概念，显得很可笑。

我们不知道究竟是哪个，因为在英语民族的人那里，表达，也就是"说"的功能，相对于欧洲其他民族来讲，可能扮演着另一种角色。不过，不管这种举动的意义为何，我只担心这样做会给和平主义带来灾难。不仅如此，我们还要看看，英国人对欧洲有效性的特殊使用，是不是促成欧洲有效性声名扫地的因素之一。这个问题应当深入研究一下，但现在不是时候，也不该由我来做*。

这是因为，和平主义者需要认识到这样一个事实：在他身处的这个世界里，实现和平的条件是缺失的，或者说是非常稀少的。在民族与民族之间的交往中，一旦有事端，无法诉诸哪个高级权威，因为这样的权威并不存在。过去，这些民族曾生活在社会性的氛围中，这氛围就如同一种良性的以太那样浮动在他们之间，可以让他们温柔相待、互通有无，今天，这样的氛围已经没有了。于是，这些民族各自分立，冷眼相对。三十年前，对于一个旅行者来说，国家边界不过是一些想象中的柔软界线，而在今天，我们都亲眼目睹了国家边界是如何迅速硬化的，它们成了牛角一般的坚硬物质，使民族国家的多孔性荡然无存，让它们各自封闭自我。事实是，从多年前开始，欧洲就处于战争状态中，这样的战争状态在本质上要比以往所有的战争状态都来得更彻底。我已经指出造成这样一种状况的原因在哪里了，以下的事实大概可以进一步佐证我的说法：不仅是

---

* 在此举一个例子：近一百五十年以来，只要于己合适——也仅仅在于己合适的时候——英国就动用 women and children（妇女和儿童）这一戏剧性的原则，来丰富自己的国际政策。

在民族与民族之间存在着明争暗斗，在每个民族内部，也存在着严重的不和，争斗要么已经公开化，要么是在暗暗酝酿中。把今天出现的这些专制制度解释成任性或者阴谋的结果，是一种轻率的做法。显然，专制的出现是内战状态的不可避免的表现，今天几乎所有的国家都深陷于内战状态中。现在我们可以看到，在以往，每个民族国家的内部聚合是如何得益于欧洲集体有效性的。

西方民族共同体状态的骤然减弱，意味着各民族在精神上拉大了彼此间的距离。它们之间的交往变得极为困难了。在以往，共同的原则是一种能让他们相互理解的语言。那时候，一个民族没有必要对其他民族的每一个都了解得非常清楚。而现在各个民族之间要互相理解，则是难上加难了。

原因在于，这种精神上的疏离因为另一种性质相反的现象的出现而变得更为复杂，更为危险。正是这一现象促成了这篇文章。这个现象是宏大的，我们需要把它的特征描绘得清楚一些。

从差不多一个世纪以前开始，就有人说，新的交通交流方式——人的迁徙、商品的流通、信息的传输——拉近了各个民族间的距离，让人类生活得以统一。不过，就像经常会发生的那样，这个说法是言过其实的。人类的事情几乎总是这样：一开始是传说，后来才变成现实。我们提到的这个说法亦不例外，今天我们可以很清楚地看到，它不过是一个带着激情的预言。有一些能切实拉近各个民族间距离的交通交流工具，是一开始就存在了的——轮船、铁路、电报、电话，但是，在当时，这些发明既没有得到完善，也没有大规模地得到应用，而那些最具决定性的工具还没有发明出来，比如内燃机和无线电通讯。19世纪刚刚经历了科学技术最初的几次伟大征服就兴奋不已，急切地发出对"领先""物质进步"等大加吹捧的赞誉之声，滔滔不绝。于是，到了19世纪末，人们开始厌倦这些人人皆知的说法了，虽然他们仍然相信这些说法的真实性，也就是说，他们已经完全相信，19世纪确实完成了那些说法声称的壮举。这导致了一种奇特的差错，历史眼光的差错，它阻碍了人们对今天许多矛盾的正确认知。当普通人确信，上一个世纪在进步方面达到了登峰造极的地步时，他们就不能注意到，真正独一无二的技术发明与运用的伟大时代，是最近这四十年。在这极短的一段时期中，新发现的数量和重要性，以及新发现得到实际应用的速度，大大超过了以往所有的人类历史。换言之，技术的实际转化是一个新近才出现的事实，正是在现在而不是一百年以来，这一变化正在产生出最为彻底的结果[①]。在所有的层面都是如此。今天的经济领域出现的种种深度失调的状况，有不少就源于新发明给生产带来的遽然变化，这样的变化让经济结构一时难以适应。单单一家工厂可以为半个大陆生产所有的电灯泡或者所有的皮鞋，这实在是一件幸事，说不上有多么恐怖。通讯方面也是一样。就在这些年来，每个国家的人一下子都能切切实实地在每时每刻收到大量的、

[①] 那些我们可以称之为"基础发明"的发明——斧子、火、轮子、篮子、瓮，等等，不在此考虑范围之内。正因为这些发明是其他所有发明的前提，在千年以前的时代就有了，我们很难把它们和后来出现的一大堆衍生性的、历史性的发明做比较。

最新鲜的讯息，知道在别的国家正在发生着什么，他不禁有了这样的幻觉：他正身处别的国家，或是与这些国家靠得特别近。换句话说：对于全世界的公共生活来说，这个世界的规模突然缩减了，世界变小了。各个民族发现彼此**在动态上**靠得更近了。正是在此时，欧洲各个民族在精神上的彼此疏远达到了最严重的地步。

我们是否能意识到，这样的一种形势有多危险？大家都知道，人类是这样一种生物，一个人是不会无缘无故地亲近另一个人的。如今，生活在一个人与人的互相接近**在表面上**变得更为方便的时代，我们容易忘记这样一个事实：要接近人这样一个变化无常的野兽兼天使，是需要怀着极大的谨慎的。因此，在历史的行进中，人类互相接近的技术是在不断发展的，其最明显可见的部分，就是打招呼。或许，我们可以带一点保留地说，打招呼的形式是与人口密度紧密相关的，因此，怎样打招呼，取决于人与人之间惯常保持的距离。在撒哈拉沙漠，每一个图阿雷格人都身处方圆数英里的孤独中，他们相隔100码就开始打招呼了，这个举动会持续三刻钟之久。在中国和日本，则是另一种情况。在这些人口稠密的地方，人们几乎是身子贴身子、鼻子碰鼻子地居住在一起，像住在一个密实的蚁巢里，打招呼、打交道的方式就成了最复杂、最精细的礼节。这些礼节是如此精细，以至于在远东人看来，欧洲人都是些粗鲁莽撞、傲慢无礼的家伙，除了跟他们厮打一番就没有其他可能的交往方式了。在人与人之间的距离如此微小的状态中，一切举动都是危险的，有可能伤人的：就连使用人称代词都成了无礼之举。因此，日本人把人称代词从他们的语言中剔除掉了，他们不说"你"，而是说"某某君"；不说"我"，而是鞠个躬说："在下……"。

如果简简单单两个人之间距离的变化就蕴含着这样的危险，那么我们想想看，最近十五或者二十年来，民族与民族之间的距离忽然拉近，这会带来什么样的危险！我认为，人们还没有对这一新的因素加以足够的重视，现在应当刻不容缓地予以关注了。

这一段时间以来，一些国家对另一些国家现状的干涉或者不干涉，成了热门话题。但是，一些国家以发表意见的方式对另一些国家甚至是距离自己相当遥远的国家进行干涉，这样的事实却没有人说起，或者说还没有引起人们足够的重视。在我看来，这后一种干涉要比前一种干涉严重得多。因为归根结底，国家是每个社会中的相对"合理化"的机构。国家的行为，都是由一些特定的人经过深思熟虑后决定的，其轻重缓急是由他们精心设定的。这些人就是政治家，他们总是能考虑周到，怀有强烈的责任心。而整个民族或者大规模社会群体的意见则是一种低级的力量，它是不喜欢思考的，不负责任的，它秉持着一贯的思想惰性，容易受到任何一种阴谋诡计的影响，毫无防备。但是，当一个国家的公共意见对本国的现状发表评论时，却总是"有理"的，因为它永远不会与它评论的事实不一致。原因是显而易见的。它评论的那些事实，是发出评论的主体切身经历过的事实。当英国人对关系到英国的重大问题发表见解时，他们评论的是发生在他们身上的、他们亲身经历过、感知过的事实，总之，这些事实就是他们自身。既然如此，他们怎么可能会发表从根本上说是错误的见解呢？对这些事实作教条式的阐释，可能会造成极大的理论分歧，由此，不同的团体各执一端，各抒己见；但是，在这些"理论"分歧之下，从一个国家经历过的这些或悲或喜、不可篡改的事实中会沉淀出一个生命性的"真理"，这就是历史事实，它的价值和力量都要高于一切理论教条。我们必须承认，一切真正的"公共意见"都具有这种不脱离生活的"理性"或者"真理"，这种理性或真理，就是意见与事实的一致。换句话说，在一个国家的重大问题上，在对事实下判断时，"公共意见"绝不会缺乏最起码、最必要的信息，它必定能与所评论的事实达到有机的一致。它或许会犯些次要性的、小节上的错误，但是，以宏观的视角来看，它不可能会是一个与现实**不符**的、与之脱节的反应，不会是有毒的言论。

但是，一个国家对另一个国家发生之事发表的意见，则是完全相反的情况了。这种意见很有可能是与事实高度不符的。A国人民的思考和评论，都是从它自己最切实的生活经验出发的，这些经验与B国人民的生活经验是不一样的。让A国人民对B国发表看法，除了一番荒谬的无稽之谈，还能有什么结果呢？这是评论与事实不符的首要原因。这种不符是不可避免的，或许只有一样很难得到的东西可以克服它，那就是：**充分足够**的信息。既然缺乏"真实"的生活体验，那就应当以真知来取代之。

一百年以前，如果美国人民胆敢对希腊发生的事情发表看法，那没什么大不了的；如果美国人民对希腊的看法充满错误的信息，那也不要紧。只要美国政府不采取什么行动，美国人民的意见对希腊的前途是不会产生什么影响的。那时候的世界比现在更"大"，更为松散，不似今天这般密实。国家与国家之间的动态距离是很大的，在穿越这样的距离时，与事实不符的言论会尽失它的毒性*。但是近些年来，各个国家之间的动态距离缩得极小，于是，举例来说，美国一些较大社会团体的言论的确干涉到了西班牙的内战。这些言论是直接作为言论发挥作用的，美国政府并没有做干涉。在我看来，英国方面发表的言论也是一样。

我的本意绝不是要打击英国人和美国人的自由意志，他们有权利就任何他们感兴趣的话题畅所欲言，我无意与他们争辩这一权利。这并不是权利的问题，也不是惯于以这个词来打掩护的那一套拙劣说辞的问题，而仅仅是头脑是否清醒的问题。我坚持认为，今天一些国家的舆论对另一些国家的生活进行干预，是荒谬的、有毒性的，容易激起刀兵相见的狂热，因为发出这些言论的人还没有掌握一种能与国家间距离的变化相适应的方法。关于西班牙已经发生的事情，关于西班牙接下来该怎么办，英国人、美国人完全有权利发表看法，但是，如果他们在发表意见的同时不接受一个相应的责任的话，那么他们就是不公不义的。这个责任就是：对西班牙内战的事实了解透彻。这一事实的第一章也是最重要的一章，就是西班牙内战的源

---

* 需要补充说明的是，在这些言论中，对于整个西方都适用的"有效性"一直扮演着重要角色。

起，也就是说，造成西班牙内战的原因。

然而，正是在这个问题上，大众媒体发挥了它们的影响——有害的影响。因为一个国家持续不断地从另一个国家接收到的新闻是数量庞大的。要让一个英国人相信，他对西班牙内战或者其他类似的热点问题是根本不了解的，岂是很容易的事情？他知道，英国的报社往往花费巨资供养一批在各个国家驻点的通讯记者。他也知道，尽管在这些通讯记者中，许多人的新闻报道是狂热的、带有偏见的，另外也有许多人，他们的公正居中是不容置疑的，他们在传递精准信息时的简明扼要是堪为表率的。这些都是事实；正因为是事实，才显得非常危险*。如果让一个英国人匆匆回忆一下最近的这三四年，他一定会发现，世界上发生了一些对英国来说至关重要的大事，这些事情让他**吃惊**。在历史上，没有哪个重大的事情是突然发生的，英国人应当承认，他对现实的了解比他惯于认为的要少；他接收的大量资讯都是些外在的、缺乏精细视角的信息，现实中最为真实的那些东西从这些信息中悄悄溜走了。最明显的一个例子，也是规模巨大的一个现象，就是作为本文出发点的那个事实：英国作为国际政策奉行了二十年的和平主义已经失败

---

* 在今年4月，《泰晤士报》驻巴塞罗那的通讯记者向他的报纸发回了一则报道，以最翔实的资料和最准确的数据描述了当时的局势。但是，这篇文章整个的论证，虽则给这些翔实资料和准确数据赋予了生动性和意义，却是从这样一个前提出发的，仿佛这个前提是人所共知、可以解释一切的，那就是：我们的祖先是摩尔人。这一点足以证明，不管这位记者有多么勤奋、多么公允，他是完全不能胜任报道西班牙现状的工作的。显然，让各国之间相互了解的新技术的出现，呼唤着报界的一场深刻变革。

了。这一失败极为清楚地表明，英国人对其他国家正在发生的**真实**情况一无所知，尽管他们往世界各国派驻了数不清的通讯记者。

为了看清这个现象复杂的过程，我们来程式化地作一番演示。A国人民接收到了关于B国人民的新闻，这些新闻激发了A国人民的意见——或是大的社会群体的意见，或是整个国家的意见。可是在今天，这些新闻是极快、极多、极频繁地涌入的，它们所激起的意见就不再像一个世纪以前那般保持在"观照"的层面上了，而是不可避免地带上了主观的想法，具有了干涉的性质。此外，总是有些喜欢编制阴谋的人，出于各自的目的，有意要让这些意见走向偏激。另一方面，A国人民发出的这些意见，连同他们的紧张、他们的激动，同样是极快、极多、极频繁地涌入B国的，B国人民感到外人侵犯了他们的国家，这些人粗鲁无礼，令人难以容忍，几乎就等于站在他们面前指手画脚。与此同时，他们发觉，A国人民的意见与在B国实际发生的情况是严重不符的，于是，B国人民越想越气，以至于大发雷霆。外人试图干涉我们的生活，这本就已经够让人生气的了，如果外人还表现得对我们的生活全然无知，那么他的放肆言论就会激起我们的暴怒。

当马德里的共产党和他们的盟友舒舒服服、一身轻松地坐在办公室或者俱乐部里，以最为强硬的姿态逼迫作家和教师签署声明或是在广播电台里发言的时候，英国的几位著名作家也在另一份声明上签字，信誓旦旦地保证，马德里的共产党以及他们的盟友是捍卫自由的勇士。我们无需对此大惊小怪、口诛笔伐，我只想请英国读者想象一下，面对这样一个既丑恶又令人痛心的事实，我会有什么反应。在与事实不相符的程度上，很难找到比这更严重的情况了。幸运的是，我一直努力在内心里保持一套克制自我的强大机制——也许，文明正是基于这种机制——此外，正如但丁所说，"预料之内的飞箭总是有更慢的速度"，当我得知这一事实时，并没有因为惊讶而发狂失态。多年以来，我一直在揭露欧洲知识分子的轻率和不负责任，这已经成了他们的积习。我已经指出，这是造成目前我们所处的混乱局面的首要原因之一。然而，我可以引以为豪的这种谨慎克制的态度，并不是"自然"的。自然的情况是，我激愤地向这几个英国作家宣战。这就是战争机制的一个具体例证，这种战争机制正是国家间的相互不了解所造成的。

前一段时间，阿尔伯特·爱因斯坦自觉有"权利"就西班牙内战发表看法，宣布了自己的立场。爱因斯坦能有此举，凭借的是他对西班牙现状和历史的彻底的无知。导致他对西班牙妄加干涉的精神，正是这些年来让欧洲知识分子名誉扫地的那种精神。欧洲知识分子声誉的丧失，使得今天的世界失去了精神力量的导引，从而随波逐流。

请注意，我是把西班牙内战的问题作为一个例子来谈的，类似的情况有很多，只不过这个例子我谈起来最有把握。我只是希望英国读者能承认，哪怕只是暂时地承认这样的可能：尽管你们能接收到大量的"信息"，你们对真实的情况还是不够了解。或许，这样做能促使你们纠正自己对其他国家的认识，而这是世界恢复井然有序状态的最具决定性的前提。

不过，这里还有一个更具普遍性的例子。不久前，英国工党代表大会以210万票对30万票否决了与共产党结盟，也就是说，在英国组建一个"人民阵线"的提案。可是，这个党以及这个党引导的大众言论，却是明确而卓有成效地支持和鼓励在其他国家建立的"人民阵线"的。"人民阵线"究竟是一个好东西还是一个祸害，在此我不做讨论，我只是想指出，这个发表意见的群体做出了两个互相对立的举动，它们之间的不一致是有害的。票数上的这种差异，按照黑格尔的理论，是能自动从数量差转为质量差的。这些数字表明，对于工党集团来说，与共产党结成联盟，也就是说，组建"人民阵线"，并不是一个加减法问题；或许在他们看来，"人民阵线"会成为危害英国的一大祸患。但是，与此同时，英国工党却竭力在其他国家培育这种病菌，这就是干涉，甚至我们可以说，这是一种战争性质的干涉，因为它具备不少化学战争的性质。只要这样的现象仍然存在，一切世界和平的美好愿望都终将化为泡影。因为工党的这种自相矛盾的举动，这种双重标准的意见，在英国之外的国家只会激起愤恨。

有人可能会反驳说，这种干涉会在被干涉的国家中引起一部分人的愤恨，但同时会让另一部分人振奋不已。我觉得这么说毫无意义，这样的看法过于浅显，并不符合真正的事实。暂时得到外国人的意见支持的那一方当然是能从这种干涉中受益的，这一点不可否认。但是，在浮于表面的、为时短暂的感激之下，整个国家的真实生活仍在奔流延续。最后，国家会稳定于**它自己的**"真实"，安然接受确切发生的事实，互相敌对的政党会一致承认事实，不管它们是明说还是默认。因此，它们最终会合起来**反对**外国人发出的与事实不符的意见。外国人的意见，只有在出于**偶然**说对了或者与被评论国家的"真实"生活有那么一点相符的情况下，才有可能得到为时长久的感激。对现实无知，必将有报应。人类历史上的灾难往往即源于此。一个民族和一个人一样，拥有一颗深不可测的内心——虽然表现形式不同，原因也不同——也就是说，一个民族就是一整套秘密，是不能简简单单从外部被破解的。一切对这一点做出否定的企图都将带来灾难。读者诸君不要想到什么虚幻神秘的东西。我们随便拿一种集体功能来说吧，比方说，语言。很明显的一个事实是，不管如何努力地学习一门外语，要达到对这门语言的**深至其内心**的了解，几乎是不可能的。把了解一个陌生国家的政治现实当成易如反掌的事情，不也是一种愚妄之举吗？

我认为，这个世界的新的结构，把一个国家对在另一个国家发生之事的评论——在以往是几乎无害的——变成了真正的侵犯。这足以解释，为什么当欧洲诸国看起来非常接近一种高级的统一状态的时候，它们却忽然开始封闭自我，密封自己的生活，相互对抗，把边境线变成了将自己与外界隔绝的潜水衣。

我想，对于国际秩序来说，这里有一个极为重要的新问题，这个问题和刚刚谈到的法的问题是平行的。刚才我们说，要有一种新的法律手段，在此我们呼唤一种各国之间相互交往的新手段。在英国，当一个人斗胆对另一个人发表看法时，他是懂得如何保持审慎的。英国有诽谤法，"文明礼貌"成了一种专政。既然如此，一个国家对另一个国家发表看法，也理应受到类似的约束。

当然，这意味着在一个基本原则上达成共识。是这样一条原则：民族、国家是切实存在的。那个老旧的、廉价的、产生了今天诸多烦恼的"国际主义"，其内心深处的想法是与这条原则背道而驰的。它在根本上是对何为民族国家一无所知的；它不知道，民族国家是这个世界上存在的一个强有力的现实，做任何事都要考虑到这个现实。明白了它的无知，也就能理解为什么它会提出那样的理论、做出那样的行动了。在其头脑中忘记了民族国家的存在的国际主义，是一种古怪的国际主义*。

或许，现在读者诸君呼唤一种积极的国际主义理论的出现。我不妨把我的国际主义理论说来给大家听听，尽管有论述过于简化抽象之嫌。

在英语世界，已经有很多人读过 *The Revolt of the Masses*** 这本书了。我在书中主张欧洲共同生活的一种更为先进的方式，在欧洲一体的法律与政治组织方式上往前再迈进一步。这

---

* 现在，更严重的、如同堆积在地平线上的乌云一般的威胁，并不是直接来自政治领域，而是来自经济领域。一场席卷全世界的经济灾难，在何种程度上是不可避免的呢？经济学家们应当让我们对他们的预测抱有信心，但是，他们还没有显露出一点紧迫的样子。

** 本书的英译本，乔治·艾伦与益文出版社（George Allen & Unwin），伦敦。

一欧洲理念与那个晦涩的国际主义理念在性质上是相反的。欧洲现在不是，将来也不可能是一个"国际国家"，因为从历史的眼光来看，"国际国家"意味着空洞、空缺，也就是说，虚无。欧洲将是一个"超国家"。制造了西方诸民族国家的灵感，今天还在地表之下继续发挥着作用，就像珊瑚在缓慢静默地繁殖生长。国际主义在方法策略上的失误，使得我们未曾认清这条道理：只有经过一个激烈的民族主义时期，欧洲才会达到真正的、完满的统一。一种新的生活方式要在世界上站稳脚跟，一定要等之前的、传统的生活方式演化到它的极致之后。现在，各个欧洲国家已经纷纷到达各自的极限了，它们的冲撞意味着欧洲新的整合。是的，正是冲撞。各个国家不是在冲撞中相互倾轧，而是在冲撞中相互整合，由此西方形成了新的地貌。在现今这个阶段，正如我刚才暗示的，欧洲社会似乎已经荡然无存了。可是如果有人认为，这意味着欧洲社会已经完全消失，或者彻底散了架，那就错了。欧洲社会现今混乱的、分崩离析的状态是它的本质现实的又一个明证。之所以出现这样的情况，是因为欧洲的共同信仰遇到了危机，欧洲的信仰、欧洲社会的"有效性"遇到了危机。欧洲各国正在经受的是共同的病痛。并不是说欧洲病了，而这几个或那几个欧洲国家安然无恙，因此欧洲可能会消失，由另一种历史事实取而代之——比如，欧洲成了一系列松散的国家，或者东欧与西欧从根子上完全断开。现在来看，这些都是绝无可能的。事实上，因为如今的病痛是共同的、整个欧洲都在经受的，病愈之后的重建也会是整个欧洲共同的事情。因此，**欧洲的联结**必定会到来，它将采取公共生活的两种截然不同的形式：一种是新的自由主义的形式，另一种形式常常被称为"极权主义"——这个名称并不恰当。较小的国家将采取过渡性的形式。这必将拯救欧洲。一切生命形式都需要与其对立的形式，这一道理再次显现。"极权主义"会拯救"自由主义"，使其褪色，使其更为纯粹，而正因为这样，接下来我们很快会看到，一种新的自由主义会让独裁政权变得温和下来。这种机械的、暂时的平衡将带来一个新的平和时代。有了这样的平和，在众灵魂的森林深处，新信仰的泉眼必将重新喷出水花。这新的信仰是真正的历史创造的力量，而这股力量并不是源于混乱，而是源于审慎的沉思。

1937年12月，巴黎